小学校理科教育法
（改訂2版）

基礎知識と演習

安藤 秀俊 著

大学教育出版

は じ め に

　小学校の教員になるためには、小学校教諭免許状を取得する必要があるが、小学校は中学校や高等学校とは異なり、国語、算数、理科、社会、音楽、図工、体育、家庭など多くの教科を一人で教えなければならない。そのため、小学校教員志望の学生は、大学でさまざまな教科指導科目を履修し、これらの教科を広く浅く学ぶことになる。中学校や高等学校教員志望の学生が、一つの教科を専門として深く学んでいくのとは、この点で異なる。

　著者が勤務する大学においても、「小学校（初等）理科教育法」の2単位のみが必修で、「初等理科」は教科に関する専門科目として選択科目となっており、大学生活4年間のうち、理科の科目は「小学校理科教育法」の最低2単位（15回の講義＋試験）だけで、将来小学校教員として理科の授業を行うことができる。この科目は、100名程度の受講生がいるので、当然、観察や実験などを行うことは不可能であり、残念ながら講義形式を取らざるを得ない。したがって結果として、教員養成大学でありながら、理科を専攻している学生以外は、大学で試験管や顕微鏡を一度も触らずに卒業し、小学校の理科室で理科の実験指導を行っているのが現状である。

　このことは、そもそも大学の教職課程のカリキュラムで、小学校理科教育法などの教科指導科目を最低2単位履修すれば要件を満たしてしまう、「教育職員免許法」上の制度に無理があることを意味している。忌々しいことではあるが、最近では、児童・生徒の理科嫌いや理科離れどころか、小学校教員の理科嫌いや理科離れを指摘する理科教育関連の論文も見受けられるようになってきた。小学校教諭免許状を取得するために、小学校教員志望の学生は、全ての教科指導科目を「広く浅く」学習することになるが、これでは小学校教師が理科の指導に自信が持てず、理科嫌いになるのも無理はない。これは免許制度のシステムであり、ここで議論してもどうにもならないことではあるが、理科教育を担当する大学教員、更に言えば教員免許制度に直接携わる教育行政の関係者

が改変すべき大きな課題であろう。

　また一方では、最近、学習指導案の書き方や板書方法、発問の仕方、模擬授業など、実際に学校の教室で行われているような、いわゆる「実践的」と言われる内容を教科指導法で教授する傾向が強いが、学生はそもそも理科という教科の内容をきちんと理解せずに、このような小手先の教育技術を学んだところでほとんど効果はない。まして、教育技術などというものは、一朝一夕で習得できるほど甘くはなく、教師になってから研修を重ね一生かけて体得するものであり、むしろ学生時代は理論的な学習をしっかりと行うべきで、授業技術などは教師になってからやれば良いのである。最近、世の中では何事もすぐに成果を求めたがるようであるが、教師教育は短期的な成果主義とは最も縁遠い分野なはずである。そういった意味で、学生諸君は、まずは理科という教科の知識をきちんと理解するとともに、理科学習の最大の特徴である観察と実験、そして観察・実験を支える理科の教材・教具について頭だけではなく、体験として理解することが何より重要である。

　ところで、公立小学校の教員になるためには、各都道府県が実施する教員採用候補者選考検査（教員採用試験）に合格しなければならない。教員採用試験では、小学校全科として、理科の内容に関する問題も出題される。昨今では、試験において理科の実験指導について問われることもある。こうしたことから、たとえ小学校の一教科に過ぎない理科であっても、疎かにはできない。

　以上のような現状を踏まえると、大学においては、受講人数の制約から観察や実験を行うことが極めて困難な状況ではあるが、2単位という限られた時間の中で、できる限り将来の観察や実験指導に役に立つような講義を展開する必要がある。そこで、学習指導要領の流れに沿って、観察や実験の教材や器具の写真などをふんだんに取り入れ、小学校理科の内容の基礎知識の習得とともに、教員採用試験の学習にもつながるような演習問題も盛り込み、少しでも小学校教員志望の学生諸君の一助になるようにと構成したのが本書である。

　本書は、文部科学省の小学校学習指導要領と解説理科編をもとにして、大学における小学校理科教育法の講義の一助として、どこからでも学べるようにテキスト形式で解説したものである。まず、第1章では、改訂された学習指導要

領について概説し、改訂の経緯や趣旨、改善の基本方針や具体的事項について
キーワードとなるような語句を括弧書き（　　　）で示し、何度も繰り返し読
み返すことで理解の定着を図れるよう穴埋め形式とした。第2〜5章では、第
3〜6学年の各内容について、最初に「解説 ― 指導の要点と基礎知識 ―」と
してポイントをまとめ、「使用する教材」では授業で実際に使用すべき教材を
示した。「＋α（プラスあるふぁ）」では、やや発展的な内容や関連事項、また
小学校の授業では扱わないが教員採用試験などではよく出題される重要な内容
などをまとめた。さらに「指導の概略　授業の流れ」では、単元の大まかな授
業の進め方を示し、各学年の章末には「基礎知識の確認問題」を一問一答式で
取り上げたので活用してほしい。

　このように本書は、将来、小学校教員を目指す向学の学生諸君を対象として
いるが、大学生はもちろん、小学校の教科教育法「理科」に該当する科目を担
当されている大学教員、また小学校現場の先生方にもお役に立てるものと考え
ている。

　なお、本書に掲載されたイラストの多くは、木内真由美さんの手によるもの
である。感謝の意を表す次第である。

　2022年　春

安 藤 秀 俊

小学校理科教育法（改訂 2 版）
―基礎知識と演習―

目　次

小学校理科教育法（改訂2版）

―基礎知識と演習―

第1章
小学校学習指導要領における理科

1. これまでの学習指導要領の変遷

　2017年（平成29年）3月31日、学校教育法施行規則の一部が改正され、新しい小学校学習指導要領と中学校学習指導要領が告示された。今回の改訂にあたり、文部科学省のホームページに掲載の学習指導要領の解説では、「改訂に込められた思い」と題して次のことが記されている。

　『学校で学んだことが、子供たちの「生きる力」となって、明日に、そしてその先の人生につながってほしい。これからの社会が、どんなに変化して予測困難な時代になっても、自ら課題を見付け、自ら学び、自ら考え、判断して行動し、それぞれに思い描く幸せを実現してほしい。そして、明るい未来を、共に創っていきたい。』

　今回の改訂では、「社会に開かれた教育課程」が大きく取り上げられているが、この他に「主体的・対話的で深い学び」や「カリキュラムマネジメント」などの新しい考え方も導入されている。また、「生きる力」のスローガンはそのまま継続され、「生きる力、学びのその先へ」として、学ぶことによって何ができるようになるのか、学習によって獲得できる資質や能力は何なのか、などについて、具体的に示されたことが大きな特徴である。このため、改訂前の学習指導要領と比べて学習内容自体はそれほど大きく変わってはいないが、学習指導要領の表記はいくぶん違ったものとなっている。また、小学校に外国語科が新設されたり、プログラミング教育が登場したことなども新しい点であろう。

表 1-1-1　学習指導要領改訂の背景とその特徴（1）

	時代背景	スローガン	特色
1947 年（昭和 22 年）	戦後の復興	教育基本法、生活単元学習	学習指導要領理科編（試案）、はいまわる理科
1951 年（昭和 26 年）	模索期	学習指導要領の点検、修正	教科間の関連性の重視
1958 年（昭和 33 年）	高度成長期	系統学習	知識の詰め込み
1968 年（昭和 43 年）	スプートニクショック	現代化	内容の高度化、落ちこぼれ
1977 年（昭和 52 年）	国際化、環境問題	人間化	ゆとり
1989 年（平成 元 年）	不登校、いじめ	個性化	新しい学力観
1998 年（平成 10 年）	学校 5 日制	総合化	生きる力
2008 年（平成 20 年）	理科、算数時間の増加	PISA 型学力観	思考力、表現力、読解力の向上
2018 年（平成 30 年）	新しい時代への対応	開かれた教育課程	主体的・対話的で深い学び

表 1-1-2　学習指導要領改訂の背景とその特徴（2）

	特色
1947 年（昭和 22 年）	学習指導要領の模索。修身、地理、歴史の廃止、社会科が新設。家庭科が男女共修。自由研究が新設。
1951 年（昭和 26 年）	家庭科の存続。自由研究の廃止。道徳教育の振興。
1958 年（昭和 33 年）	教育課程の基準としての性格の明確化。道徳の時間の新設。系統的な学習を重視。基礎学力の充実。科学技術教育の向上。
1968 年（昭和 43 年）	教育内容の一層の向上。教育内容の現代化。時代の進展に対応した教育内容の導入。算数における集合の導入。
1977 年（昭和 52 年）	ゆとりのある充実した学校生活の実現＝学習負担の適正化。各教科等の目標・内容を中核的事項にしぼる。
1989 年（平成 元 年）	社会の変化に自ら対応できる心豊かな人間の育成。生活科の新設。道徳教育の充実。
1998 年（平成 10 年）	基礎・基本を確実に身に付けさせ、自ら学び自ら考える力などの「生きる力」の育成。教育内容の厳選。「総合的な学習の時間」の新設。
2008 年（平成 20 年）	脱ゆとり教育。前指導要領から開始された総合的な学習の時間の総授業時間の大幅な削減。主要五教科（国語・算数・数学、理科、社会、英語）及び保健体育の総授業時間が増加。
2018 年（平成 30 年）	カリキュラムマネジメントの推進。学びに向かう力、人間性等。小学校での外国語教育。プログラミング学習。ICT 教育の充実、GIGA スクール構想。

　学習指導要領は、戦後すぐに試案として作られたが、その後、約10年毎に改訂されてきた。今回の改訂は、昭和22年に「教科課程、教科内容及びその取扱い」の基準として、初めて学習指導要領が編集・刊行されて以来、昭和26年、33年、43年、52年、平成元年、10年、20年の全面改訂に続く8回目の全面的な改訂になる。現在のように、大臣告示の形で定められたのは昭和33年以降のことである。文部科学省のホームページにおいては、「これまでの学習指導要領の変遷」が示されているが、表1-1-1、表1-1-2は、杉本（2011）がまとめた戦後の理科教育課程の表に、文部科学省の項目を追加し、改編し直したものである。

2.「教育基本法」と「学校教育法」の改正

　前回の平成20年の学習指導要領の改訂に先立って、日本の教育を規定した「教育基本法」と「学校教育法」の改正も行われた。

　「教育基本法」は、昭和22年に制定された法律であるが、平成18年12月22日に安倍内閣によって50年ぶりに改正された。その改正の基本となる主旨は「21世紀を切り拓く心豊かでたくましい日本人の育成を目指す」ことである。この改正された「教育基本法」において、理科に関連する項目は以下に示す第二条に見ることができる。

第二条
　教育は、その目的を実現するため、学問の自由を尊重しつつ、次に掲げる目標を達成するよう行われるものとする。
四　生命を尊び、自然を大切にし、環境の保全に寄与する態度を養うこと。

　ここでは、「生命」、「自然」、「環境」などの言葉が、理科では重要なキーワードとなっている。

　また、平成19年6月には「学校教育法」が改正された。「学校教育法」の改正では、今まで以上に、義務教育の明確な目標の明示がなされた。第二十一

条には普通教育の目標が明確に明示された。理科については、七の項が関連している。

第二十一条　義務教育として行われる普通教育は、教育基本法（平成十八年法律第百二十号）第五条第二項に規定する目的を実現するため、次に掲げる目標を達成するよう行われるものとする。

一　学校内外における社会的活動を促進し、自主、自律及び協同の精神、規範意識、公正な判断力並びに公共の精神に基づき主体的に社会の形成に参画し、その発展に寄与する態度を養うこと。

二　学校内外における自然体験活動を促進し、生命及び自然を尊重する精神並びに環境の保全に寄与する態度を養うこと。

三　我が国と郷土の現状と歴史について、正しい理解に導き、伝統と文化を尊重し、それらをはぐくんできた我が国と郷土を愛する態度を養うとともに、進んで外国の文化の理解を通じて、他国を尊重し、国際社会の平和と発展に寄与する態度を養うこと。

四　家族と家庭の役割、生活に必要な衣、食、住、情報、産業その他の事項について基礎的な理解と技能を養うこと。

五　読書に親しませ、生活に必要な国語を正しく理解し、使用する基礎的な能力を養うこと。

六　生活に必要な数量的な関係を正しく理解し、処理する基礎的な能力を養うこと。

七　生活にかかわる自然現象について、観察及び実験を通じて、科学的に理解し、処理する基礎的な能力を養うこと。

八　健康、安全で幸福な生活のために必要な習慣を養うとともに、運動を通じて体力を養い、心身の調和的発達を図ること。

九　生活を明るく豊かにする音楽、美術、文芸その他の芸術について基礎的な理解と技能を養うこと。

十　職業についての基礎的な知識と技能、勤労を重んずる態度及び個性に応じて将来の進路を選択する能力を養うこと。

3. 学習指導要領の改訂の経緯

（1）予測困難な時代の到来

　20世紀半ば過ぎから、ラジオやテレビなどの情報伝達機器が一般社会にも浸透し、それまでの紙媒体の伝達に比べて、情報は急速に世界中を駆け巡るようになった。このように、マスコミュニケーションが高度に発達した20世紀後半は「情報化社会」の時代と呼ばれた。情報化社会では、国内外を問わず、莫大な情報が溢れ、個人にとって有用な情報とそうでない情報が交錯し、いかに有益な情報のみを選択するかが大きな課題であった。その後、社会構造の変化の流れはさらに加速し、21世紀に入ると、「知識基盤社会」の時代と言われるようになった。知識基盤社会とは、新しい知識・情報・技術が政治・経済・文化をはじめ社会のあらゆる領域での活動の基盤として飛躍的に重要性を増す社会とされる。また、環境や安全保障問題など、これまでの国や地域などの境界を超えて、地球を一つの世界として考えていかなくてはならないような課題が現れた。このように世界を一つの単位として考える過程をグローバル化というが、21世紀初頭はまさに知識基盤社会でありかつグローバル化の時代を迎えたと言ってよい。そして、このグローバル化とともに、人工知能（AI）などの新しい技術革新が急速に進展したことにより、社会構造や雇用環境は大きく変化し、現在は「予測困難な時代」になりつつある。このような背景のもと、これからはSociety 5.0（ソサエティー 5.0）の時代と予想される。Society 5.0とは、日本の科学技術基本計画が提唱する未来社会のコンセプトであり、狩猟社会（Society 1.0）、農耕社会（Society 2.0）、工業社会（Society 3.0）、情報社会（Society 4.0）に続き、デジタル革新やイノベーションを最大限活用して実現する、第5の新たな社会とされている。

　こうした急速で激しい社会の変化に対して、資源の乏しいわが国が生き残っていくためには、高度に成熟した現代日本の現状に甘えることなく、世界のリーダーとして、さらに科学技術立国としての地位を向上させなければならない。誰もが安心して、質的な豊かさを持ったより良い社会を目指すために、教

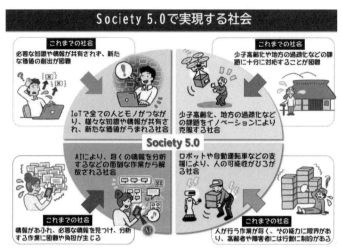

図 1-3-1　Society 5.0 の社会
（内閣府、2016）

育は国を挙げて取り組まねばならない最重要課題であるが、平成 26 年 11 月、文部科学大臣は、このような新しい時代に対応するために、学習指導要領の在り方について中央教育審議会に諮問を行った。2 年余りの議論ののちに、「幼稚園、小学校、中学校、高等学校及び特別支援学校の学種指導要領の改善及び必要な方策などについて（答申）」が示され、新学習指導要領の全容が明らかとなった。

（2）　改訂の基本的な考え方

　今回の改訂に際しては、これまでの学校教育の根幹とされてきた「生きる力」はそのまま踏襲される。「生きる力」とは、1996 年の中央教育審議会の「21 世紀を展望した我が国の教育の在り方について」（答申）の中で言われた言葉であり、「変化の激しいこれからの社会に対応する力」を意味し、「知・徳・体のバランスのとれた力」、「確かな学力、豊かな心、健やかな体」とほぼ同義である。

「生きる力」とは、変化の激しいこれからの時代を生きるために、（　　　　　）、（　　　　　）、（　　　　　）の知、徳、体の調和を重視する、バランスのとれた力である。

（確かな学力）（豊かな心）（健やかな体）

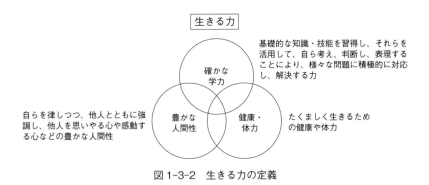

図1-3-2　生きる力の定義

　今回の学習指導要領の改訂では、この「生きる力」をより具現化するものとして、「社会に開かれた教育課程」がスローガンとして掲げられ、学習指導要領が学校、家庭、地域の関係者が幅広く共有し活用できる「学びの地図」としての役割をはたすことができるよう6点にわたる枠組みが示された。また、学校教育の改善・充実の好循環を生み出すとされる「カリキュラム・マネジメント」の考え方も示された。「学びの地図」としての6点の項目を以下に示す。

1　「何ができるようになるか」
　　（育成を目指す資質・能力）
2　「何を学ぶか」
　　（教科等を学ぶ意義と、教科等間・学校段階間のつながりを踏まえた教育課程の編成）
3　「どのように学ぶか」
　　（各教科等の指導計画の作成と実施、学習・指導の改善・充実）
4　「子供一人一人の発達をどのように支援するか」
　　（子供の発達を踏まえた指導）

5 「何が身に付いたか」

　　（学習評価の充実）

6 「実施するために何が必要か」

　　（学習指導要領等の理念を実現するために必要な方策）

　これまでも学習指導要領では「2. 何を学ぶのか」「3. どのように学ぶのか」などについては記載されていたが、今回の改訂では「1. 何ができるようになるか」「5. 何が身に付いたか」などのゴール地点がはっきりと示されたことが「学びの地図」と言われる所以である。

　また、今回の改訂では、図の中に示されているように、「主体的・対話的で深い学び」と「カリキュラム・マネジメント」という考えが導入された。中教審の議論では、「アクティブ・ラーニング」という言葉が使われていたが、本来、諸外国で使用されている意味と異なった解釈で使用されていたため、改訂の際には「主体的・対話的で深い学び」と改められた。

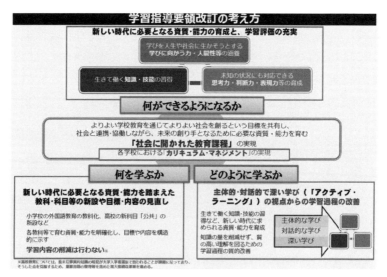

図 1-3-3　学習指導要領改訂の考え方

（文部科学省、2017）

4. 主体的・対話的で深い学び

　子供たちが、学習内容を人生や社会の在り方と結び付けて深く理解し、これからの時代に求められる資質・能力を身に付け、生涯にわたって能動的に学び続けることができるようにするためには、これまでの学校教育の蓄積を生かし、学習の質を一層高める授業改善の取組を活性化していくことが必要であり、我が国の優れた教育実践に見られる普遍的な視点である「主体的・対話的で深い学び」の実現に向けた授業改善（アクティブ・ラーニングの視点に立った授業改善）を推進することが求められる。「主体的・対話的で深い学び」は、以下のようにまとめられる。

・主体的な学びとは、学ぶことに興味や関心を持ち、自己のキャリア形成の方向性と関連付けながら、見通しを持って粘り強く取り組み、自己の学習活動を振り返って（　　　　）につなげる学びである。

・対話的な学びとは、子供同士の（　　　　）、教職員や地域の人との対話、先哲の考え方を手掛かりに考えること等を通じ、自己の考えを広げ深める学びである。

・深い学びとは、習得・活用・探究という学びの過程の中で、各教科等の特質に応じた「見方・考え方」を働かせながら、知識を相互に関連付けてより深く理解したり、情報を精査して考えを形成したり、問題を見いだして解決策を考えたり、思いや考えを基に（　　　　）したりすることに向かう学びである。

（次）（協働）（創造）

5. カリキュラム・マネジメント

　小学校学習指導要領の総則には、以下のことが書かれている。

　各学校においては、児童や学校、地域の実態を適切に把握し、① 教育の目的や目標の実現に必要な教育の内容等を教科等横断的な視点で組み立てていくこと、② 教育課程の実施状況を評価してその改善を図っていくこと、③ 教育課程の実施に必要な人的又は物的な体制を確保するとともにその改善を図って

いくことなどを通して、『教育課程に基づき組織的かつ計画的に各学校の教育活動の質の向上を図っていくこと（以下「カリキュラム・マネジメント」という。）』に努めるものとする。

　つまり、カリキュラム・マネジメントのねらいは、児童や学校、地域の実態を適切に把握し編成した教育課程に基づき組織的かつ計画的に各学校の教育活動（授業）の質の向上を図ることである。

6. 理科改訂の要点

　これまで述べてきた学習指導要領改訂の経緯を受けて、理科の改訂の要点は以下の通りである。

（1）目標の在り方

1）目標の示し方

　目標については、最初に、どのような学習過程を通して資質・能力を育成す

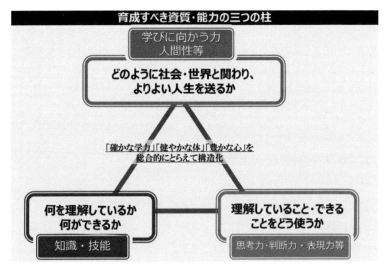

図1-6-1　育成すべき資質・能力
（文部科学省、2017）

るかを示し、それを受けて、（1）には、育成を目指す資質・能力のうち、「知識及び技能」を、（2）には、「思考力、判断力、表現力等」を、（3）には、「学びに向かう力、人間性等」を示した。

　各学年の目標については、「A物質・エネルギー」、「B生命・地球」の内容区分ごとに、育成を目指す資質・能力を示すこととし、①には「知識及び技能」を、②には「思考力、判断力、表現力等」を、③には「学びに向かう力、人間性等」を示した。

　例えば、第3学年の「物と重さ」を例にすると、以下のようにまとめることができる。

資質・能力	教科の目標	各学年の目標	内容
知識及び技能	（1）自然の事物・現象についての理解を図り、観察、実験などに関する基本的な技能を身に付けるようにする。	①物の性質についての理解を図り、観察、実験などに関する基本的な技能を身に付けるようにする。	ア　次のことを理解するとともに、観察、実験などに関する技能を身に付けること。 （ア）物は、形が変わっても重さは変わらないこと。 （イ）物は、体積が同じでも重さは違うことがあること。
思考力・判断力・表現力等	（2）観察、実験などを行い、問題解決の力を養う。	②物の性質について追究する中で、主に差異点や共通点を基に、問題を見いだす力を養う。	イ　物の形や体積と重さとの関係について追究する中で、差異点や共通点を基に、物の性質についての問題を見いだし、表現すること。
学びに向かう力・人間性等	（3）自然を愛する心情や主体的に問題解決しようとする態度を養う。	③物の性質について追究する中で、主体的に問題解決しようとする態度を養う。	③物の性質について追究する中で、主体的に問題解決しようとする態度を養う。

2）「理科の見方・考え方」

これまで理科の学習では、「科学的な見方・考え方」を育成することが目標とされた。そこでは科学概念のみならず資質や能力も包括されてきた。今回の改訂では、資質・能力をより具体的なものとして示し、「見方・考え方」は資質・能力を育成する過程で子供が働かせる「物事を捉える視点や考え方」であることとして整理されたことから、理科の特性に応じた「理科の見方・考え方」という表現に改められた。これについては15ページで説明した。

（2）内容の改善・充実

1）指導内容の示し方

学習内容の区分、学習内容の構成、配列などについても見直しが図られたが、前学習指導要領と大きな変更はなかった。中学校でいう化学分野においては、区分では「物質」となっているが、科学の基本的な概念では、「粒子」という言葉を使っているので注意が必要である。

中学校の第1分野（物理、化学）、第2分野（生物、地学）との整合性も加味して、小学校理科の内容区分については、
「A（　　　　　・　　　　　）」、「B（　　　　・　　　　　　）」とすることが継続された。
小学校　区分：　A物質・エネルギー　　区分：　B生命・地球
中学校　区分：　第1分野（物理、化学）　区分：　第2分野（生物、地学）

（物質・エネルギー）（生命・地球）

2）教育内容の見直し

日常生活や他教科等との関連を図った学習活動や、目的を設定し、計測して制御するといった考え方に基づいた観察、実験や、（　　　　）の活動の充実を図ったり、第5学年「B（3）流れる水の働きと土地の変化」、「B（4）天気の変化」、第6学年「B（4）土地のつくりと変化」において、（　　　　）との関連を図りながら学習内容の理解を深めたりすることにより、理科の面白さを感じたり、理科を学ぶことの（　　　　）や（　　　　）を認識したりすることができるようにした。

（ものづくり）（自然災害）（意義）（有用性）

　また、こうした内容を学習するに際しては、児童が自然の事物・現象に親しむ中で興味・関心をもち、そこから問題を見いだし、予想や仮説の基に観察、実験などを行い、結果を整理し、相互に話し合う中から結論として理科的な見方や考え方をもつようになる過程が問題解決の過程として考えられる。このような過程の中で、問題解決の資質・能力が育成される。

資質・能力の育成のために重視すべき学習過程

自然の事物現象に対する（　　　　　）　→　（　　　　　　）の見出しを行う　→（　　・　　　）を設定する　→　検証計画を立案する　→　（　　　・　　　）を実施する　→　（　　　　　）を整理する　→　（　　　　　）や結論を導出する

（気付き）（問題）（予想・仮説）（観察・実験）（結果）（考察）

3）　小学校理科の内容の改善

　小学校理科の内容で、「追加した内容」、「学年間で移行した内容」、「中学校へ移行した内容」は以下の通りである。

・追加した内容

第3学年	音の伝わり方と大小
第4学年	雨水の行方と地面の様子
第6学年	人と環境

・学年間で移行した内容

第6学年	（第4学年から移行）　光電池の働き
	（第5学年から移行）　水中の小さな生物

・中学校へ移行した内容

・電気による発熱（第6学年）

7. 小学校理科の目標

・教科の目標

> 　自然に親しみ、理科の見方・考え方を働かせ、見通しをもって観察、実験を行うことなどを通して、自然の事物・現象についての問題を科学的に解決するために必要な資質・能力を次のとおり育成することを目指す。
> (1) 自然の事物・現象についての理解を図り、観察、実験などに関する基本的な技能を身に付けるようにする。
> (2) 観察、実験などを行い、問題解決の力を養う。
> (3) 自然を愛する心情や主体的に問題解決しようとする態度を養う。

　小学校理科の教科の目標については、最初に、どのような学習過程を通して資質・能力を育成するかを示し、それを受けて、(1) には、育成を目指す資質・能力のうち、「知識及び技能」を、(2) には、「思考力、判断力、表現力等」を、(3) には、「学びに向かう力、人間性等」を示した。

・学年の目標

第3学年の目標（例）

> (1) 物質・エネルギー
> ①物の性質、風とゴムの力の働き、光と音の性質、磁石の性質及び電気の回路についての理解を図り、観察、実験などに関する基本的な技能を身に付けるようにする。
> ②物の性質、風とゴムの力の働き、光と音の性質、磁石の性質及び電気の回路について追究する中で、主に差異点や共通点を基に、問題を見いだす力を養う。
> ③物の性質、風とゴムの力の働き、光と音の性質、磁石の性質及び電気の回路について追究する中で、主体的に問題解決しようとする態度を養う。
> (2) 生命・地球
> ①身の回りの生物、太陽と地面の様子についての理解を図り、観察、実験などに関する基本的な技能を身に付けるようにする。

②身の回りの生物、太陽と地面の様子について追究する中で、主に差異点や共通点を基に、問題を見いだす力を養う。

③身の回りの生物、太陽と地面の様子について追究する中で、生物を愛護する態度や主体的に問題解決しようとする態度を養う。

各学年の目標については、「A物質・エネルギー」、「B生命・地球」の内容区分ごとに、育成を目指す資質・能力を示すこととし、①には「知識及び技能」を、②には「思考力、判断力、表現力等」を、③には「学びに向かう力、人間性等」を示した。

小学校理科の教科の目標の理解を深めるために、目標を構成している文章を区切って、それぞれの意図するものについて、以下に示す。

（1）　自然に親しむこと

理科の学習は、児童が自然に親しむことから始まる。「自然に親しむ」とは、

①単に自然に触れたり、慣れ親しんだりするということではない。

②児童が（　　　）や（　　　）をもって対象とかかわることにより、自ら（　　　）を見いだし、それを追及していく活動を行うとともに、見いだした問題を追及し、解決していく中で、新たな問題を見いだし、繰り返し自然の事物・現象に関わっていく。

⇩

児童が対象である自然の事物・現象に関心や意欲を高めつつ、そこから問題意識を醸成し、主体的に追究していくことができるように意図的な活動を工夫することが必要である。

（関心）（意欲）（問題）

（2）　理科の見方・考え方を働かせること

「見方」とは問題解決の過程において、自然の事物・現象をどのような視点でとらえるかという観点のことである。今回、理科を構成する領域ごとにこの見方（視点）が示された。

「エネルギー」を柱とする領域では、主として（　　　・　　　）な視点で捉える。
「粒子」を柱とする領域では、主として（　　　・　　　）な視点で捉える。
「生命」を柱とする領域では、主として（　　　　　）の視点で捉える。
「地球」を柱とする領域では、主として（　　　・　　　）な視点で捉える。

（量的・関係的）（質的・実体的）（多様性と共通性）（時間的・空間的）

　次に、「考え方」とは、問題解決の過程において、どのような考え方で思考していくかという方法のことである。これについては、これまでの学習指導要領の中でも示されていたものが踏襲されている。

「比較する」とは、（　　　）の自然の事物・現象を対応させ比べることである。比較には、同時に複数の自然の事物・現象を比べたり、ある自然の事物・現象の変化を時間的な前後の関係で比べたりすることなどがある。
「関係付ける」とは、自然の事物・現象を様々な視点から結び付けることである。「関係付け」には、変化とそれに関わる要因を結び付けたり、既習の内容や（　　　）と結び付けたりすることなどがある。
「条件を制御する」とは、自然の事物・現象に影響を与えると考えられる（　　　）について、どの要因が影響を与えるかを調べる際に、変化させる要因と変化させない要因を区別するということである。
「多面的に考える」とは、自然の事物・現象を複数の（　　　）から考えることである。具体的には、問題解決を行う際に、解決したい問題について互いの予想や仮説を尊重しながら追究したり、観察、実験などの結果を基に、予想や仮説、観察、実験などの方法を振り返り、再検討したり、複数の観察、実験などから得た結果を基に考察をしたりすることである。

（複数）（生活経験）（要因）（側面）

（3）見通しをもって観察、実験などを行うこと

　ここでは「見通しをもつ」ことと、「観察、実験を行うことなど」の二つの部分に分けて考える。

1）　見通しをもつ

「見通しをもつ」とは、児童が自然に親しむことによって見いだした問題に対して、（　　　）や（　　　）をもち、それらを基にして観察、実験などの解決の（　　　）を（　　　）することである。

（予想）（仮説）（方法）（発想）

児童が「見通しをもつ」ことには、以下のような意義が考えられる。

・主体的な問題解決の活動

児童は、既習の内容や生活経験を基にしながら、問題の解決を図るための根拠のある予想や仮説、さらには、それを確かめるための（　　　）の方法を発想することになる。これは、児童が自分で発想した予想や仮説、そして、それらを確かめるために発想した解決の方法で観察、実験などを行うということであり、このようにして得られた観察、実験の（　　　）においても、自らの活動としての認識をもつことになる。このことにより、観察、実験は児童自らの主体的な（　　　）の活動となるのである。

（観察、実験）（結果）（問題解決）

・予想と結果の一致、不一致の明瞭化

　児童が見通しをもつことにより、予想や仮説と観察、実験の結果の一致、不一致が明確になる。

　両者が一致した場合　→→→　児童は予想や仮説を確認したことになる。

　両者が一致しない場合　→→→　児童は予想や仮説、又はそれらを基にして発想した解決の方法を振り返り、それらを見直し、（　　　）を加えることになる。

　いずれの場合でも、予想や仮説、又は解決の方法の（　　　）を検討したという意味において意義があり、価値がある。このような過程を通して、児童は自らの考えを大切にしながらも、他者の考えや意見を受け入れ、様々な視点から自らの考えを柔軟に見直し、その妥当性を検討する態度を身に付けることになると考えられる。

（再検討）（妥当性）

2） 観察、実験を行うことなど

「観察、実験などを行う」ことには、以下のような意義が考えられる。

・意図的な活動であること

> 　理科の観察、実験などの活動は、 児童が自ら目的、問題意識をもって（　　　　）
> に自然の事物・現象に働きかけていく活動である。

（意図的）

・予想や仮説に基づく計画や方法の工夫

> 　児童は自らの予想や 仮説に基づいて、観察、実験などの（　　　）や（　　　）
> を工夫して考えることになる。観察、実験などの計画や方法は、予想や仮説を自
> 然の事物・現象で検討するための手続き・手段であり、理科における重要な検討
> の形式として考えることができる。

（計画）（方法）

・観察と実験

> 　観察は、実際の時間、空間の中で具体的な自然の事物・現象の存在や変化をと
> らえることである。視点を明確にもち、周辺の状況にも意識を払いつつ、その様
> 相を自らの（　　　　）を通してとらえようとする活動である。
> 　実験は、（　　　　）的に整えられた条件の下で、（　　　　）を用いるなどし
> ながら、自然の事物・現象の存在や変化をとらえることである。自然の事物・現
> 象からいくつかの（　　　　）を抽出し、それらを組み合わせ、意図的な操作を
> 加える中で、結果を得ようとする活動である。観察、実験は明確に切り分けられ
> ない部分もあるが、それぞれの活動の特徴を意識しながら指導することが大切で
> ある。

（諸感覚）（人為）（装置）（変数）

・「など」の意味

> 「観察、実験など」の「など」には、自然の事物・現象から問題を見いだす活動、観察、実験の結果を基に（　　　　）する活動、結論を導きだす活動が含まれる。
> ※具体的には、ものづくり、栽培、飼育の活動が含まれる

（考察）

（4）　自然の事物・現象についての問題を科学的に解決すること

　児童が見いだした問題を解決していく際、理科では、「科学的に解決する」ということが重要である。

　科学とは、人間が長い時間をかけて構築してきたものであり、一つの文化として考えることができる。科学は、その扱う対象や方法論などの違いにより、専門的に分化して存在し、それぞれ体系として緻密で一貫した構造をもっている。また、最近では専門的な科学の分野が融合して、新たな科学の分野が生まれている。

> 　科学が、それ以外の文化と区別される基本的な条件としては、（　　　　）、（　　　　）、（　　　　）などが考えられる。「科学的」ということは、これらの条件を検討する手続きを重視するという側面からとらえることができる。

（実証性）（再現性）（客観性）

> ・**実証性**とは、考えられた仮説が観察、実験などによって（　　　　）することができるという条件である。
> ・**再現性**とは、仮説を観察、実験などを通して実証するとき、人や時間や場所を変えて複数回行っても同一の実験条件下では同一の（　　　　）が得られるという条件である。
> ・**客観性**とは、実証性や再現性という条件を満足することにより、多くの人々によって（　　　　）され、（　　　　）されるという条件である。

（検討）（結果）（承認）（公認）

　つまり、「問題を科学的に解決する」ということは、自然の事物・現象についての問題を、実証性、再現性、客観性などといった条件を検討する手続きを重視しながら解決していくということと考えられる。このような手続きを重視するためには、主体的で対話的な学びが欠かせない。　児童は、問題解決の活動の中で、互いの考えを尊重しながら話し合い、既にもっている自然の事物・現象についての考えを、少しずつ科学的なものに変容させていくのである。さらに、児童は、問題を科学的に解決することによって、一つの問題を解決するだけに留まらず、獲得した知識を適用して、「理科の見方・考え方」を働かせ、新たな問題を見いだし、その問題の解決に向かおうとする。この営みこそが問い続けることであり、自ら自然の事物・現象についての考えを少しずつ科学的なものに変容させることにつながるのである。

（5）　自然の事物・現象についての理解を図り、観察、実験などに関する基本的な技能を身に付けるようにすること

　・理解について

> 　児童は、自ら自然の事物・現象に働きかけ、問題を解決していくことにより、自然の事物・現象の（　　　　　）や（　　　　　）などを把握する。その際、児童は、問題解決の過程を通して、あらかじめもっている自然の事物・現象についてのイメージや素朴な概念などを、既習の内容や生活経験、観察、実験などの結果から導きだした結論と意味付けたり、関係付けたりして、より妥当性の高いものに更新していく。このことは、自然の事物・現象について、より深く理解することにつながっていくのである。このような理解は、その段階での児童の発達や経験に依存したものであるが、自然の事物・現象についての科学的な理解の一つと考えることができる。

（性質）（規則性）

・技能について

> 　観察、実験などに関する技能については、器具や機器などを目的に応じて工夫して扱うとともに、観察、実験の過程やそこから得られた結果を適切に（　　　　）することが求められる。児童が問題解決の過程において、解決したい問題に対する結論を導きだす際、重要になるのは、観察、実験の結果である。観察、実験などに関する（　　　　）を身に付けることは、自然の事物・現象についての理解や問題解決の力の育成に関わる重要な資質・能力の一つである。

（記録）（技能）

（6）　観察、実験などを行い、問題解決の力を養うこと

　児童が自然の事物・現象に親しむ中で興味・関心をもち、そこから問題を見いだし、予想や仮説を基に観察、実験などを行い、結果を整理し、その結果を基に結論を導きだすといった問題解決の過程の中で、問題解決の力が育成される。小学校では、学年を通して育成を目指す問題解決の力を示している。

> 　第3学年では、主に差異点や共通点を基に、問題を見いだすといった問題解決の力の育成を目指している。この力を育成するためには、複数の自然の事物・現象を（　　　　）し、その差異点や共通点を捉えることが大切である。
>
> 　第4学年では、主に既習の内容や生活経験を基に、根拠のある予想や仮説を発想するといった問題解決の力の育成を目指している。この力を育成するためには、自然の事物・現象 同士を（　　　　）たり、自然の事物・現象と既習の内容や生活経験と関係付けたりすることが大切である。
>
> 　第5学年では、主に予想や仮説を基に、解決の方法を発想するといった問題解決の力の育成を目指している。この力を育成するためには、自然の事物・現象に影響を与えると考える要因を予想し、どの要因が影響を 与えるかを調べる際に、これらの条件を（　　　　）するといった考え方を用いることが大切である。
>
> 　第6学年では、主により妥当な考えをつくりだすといった問題解決の力の育成を目指している。より妥当な考えをつくりだすとは、自分が既にもっている考えを検討し、より科学的なものに変容させることである。この力を育成するためには、自然の事物・現象を（　　　　）に考えることが大切である。

（比較）（関連付け）（制御）（多面的）

　上記をまとめると、小学校で学年を通して育成を目指す資質・能力としての問題解決の力は以下のようになる。

学年	考え方	育成を目指す資質・能力としての問題解決の力
第3学年	比較する	差異点や共通点を基に、問題点を見いだす
第4学年	関係付ける	既習の内容や生活経験を基に、根拠ある予想や仮説を発想する
第5学年	条件を制御する	予想や仮説を基に、解決の方法を発想する
第6学年	多面的に考える	より妥当な考えをつくりだす

（7）　自然を愛する心情や主体的に問題解決しようとする態度を養うこと

　・自然を愛する心情

> 　児童は、植物の栽培や昆虫の飼育という体験を通して、その成長を喜んだり、昆虫の活動の不思議さや面白さを感じたりする。また、植物や昆虫を大切に育てていたにもかかわらず枯れてしまったり、死んでしまったりするような体験をすることもあり、植物の栽培や昆虫の飼育などの意義を児童に振り返らせることにより、生物を（　　　　　）しようとする態度が育まれてくる。また、植物の結実の過程や動物の発生や成長について観察したり、調べたりする中で、生命の連続性や神秘性に思いをはせたり、自分自身を含む動植物は、互いにつながっており、周囲の環境との関係の中で生きていることを考えたりすることを通して、生命を（　　　　　）しようとする態度が育まれてくる。理科では、このような体験を通して、自然を愛する（　　　　　）を育てることが大切であることは言うまでもない。さらに、自然環境と人間との共生の手立てを考えながら自然を見直すことや実験などを通して自然の秩序や（　　　　　）などに気付くことも、自然を愛する心情を育てることにつながると考えられる。

（愛護）（尊重）（心情）（規則性）

・主体的に問題解決しようとする態度

　主体的に問題解決しようとする態度とは、一連の問題解決の活動を、児童自ら
が行おうとすることによって表出された姿である。児童は、自然の事物・現象に
進んで関わり、問題を見いだし、見通しをもって　（　　　　）していく。追究の
過程では、自分の学習活動を振り返り、意味付けをしたり、身に付けた資質・能
力を（　　　）したりするとともに、再度自然の事物・現象や日常生活を見直し、
学習内容を深く理解したり、新しい問題を見いだしたりする。このような姿には、
意欲的に自然の事物・現象に関わろうとする態度、粘り強く問題解決しようとす
る態度、他者と関わりながら（　　　　）しようとする態度、学んだことを自然
の事物・現象や日常生活に当てはめてみようとする態度などが表れている。小学
校理科では、このような態度の育成を目指していくことが大切である。

（追究）（自覚）（問題解決）　※追究…追及、追求ではない。

第**2**章

第3学年の内容と演習

第3学年の目標及び内容

> (1) 物質・エネルギー
> ①物の性質、風とゴムの力の働き、光と音の性質、磁石の性質及び電気の回路に
> ついての理解を図り、観察、実験などに関する基本的な技能を身に付けるよう
> にする。
> ②物の性質、風とゴムの力の働き、光と音の性質、磁石の性質及び電気の回路に
> ついて追究する中で、主に差異点や共通点を基に、問題を見いだす力を養う。
> ③物の性質、風とゴムの力の働き、光と音の性質、磁石の性質及び電気の回路に
> ついて追究する中で、主体的に問題解決しようとする態度を養う。
> (2) 生命・地球
> ①身の回りの生物、太陽と地面の様子についての理解を図り、観察、実験などに
> 関する基本的な技能を身に付けるようにする。
> ②身の回りの生物、太陽と地面の様子について追究する中で、主に差異点や共通
> 点を基に、問題を見いだす力を養う。
> ③身の回りの生物、太陽と地面の様子について追究する中で、生物を愛護する態
> 度や主体的に問題解決しようとする態度を養う。

　第3学年の目標は、自然の事物・現象について、理科の見方・考え方を働
かせ、問題を追究する活動を通して、物の性質、風とゴムの力の働き、光と音
の性質、磁石の性質及び電気の回路、身の回りの生物、太陽と地面の様子につ
いての理解を図り、観察、実験などに関する基本的な技能を身に付けるように
するとともに、問題解決の力や生物を愛護する態度、主体的に問題解決しよう

とする態度を養うことである。特に、本学年では、学習の過程において、自然の事物・現象の差異点や共通点を基に、問題を見いだすといった問題解決の力を育成することに重点が置かれている。

A区分（物質・エネルギー）

1. 物と重さ
2. 風とゴムの力の働き
3. 光と音の性質
4. 磁石の性質
5. 電気の通り道

B区分（生命・地球）

6. 身の回りの生物
7. 太陽と地面の様子

1. 物 と 重 さ

　物の性質について、形や体積に着目して、重さを比較しながら調べる活動を通して、次の事項を身に付けることができるよう指導する。
　ア　次のことを理解するとともに、観察、実験などに関する技能を身に付けること。
　　（ア）　物は、形が変わっても（　　　　）は変わらないこと。
　　（イ）　物は、体積が同じでも（　　　　）は違うことがあること。
　イ　物の形や体積と重さとの関係について追究する中で、差異点や共通点を基に、物の性質についての問題を見いだし、表現すること。

（重さ）（重さ）

解説 ― 指導の要点と基礎知識 ―

　われわれが日常で何気なく使用している「物」という言葉は、「物体」と

「物質」という2つの意味を含んでいる。例えば、「コップは何をするための物ですか」と言う場合は物体を指し、「このコップは何という物からできていますか」と言う場合は物質を指している。コップは飲み物を入れる物体であり、コップはガラスという物質からできている。さらに同じコップでも、ガラス以外にプラスチックのコップや紙コップもある。ガラスのコップも、正確にはSiO_2（シリカ、二酸化ケイ素）という物質からできている。このように、物の外見に着目した場合は物体といい、その性質や材料、構成元素などに着目した場合は物質という。この単元では、こうした「物」について、「形が変わっても重さは変わらない」ことと、「体積が同じでも重さは違う」ことの2つの内容を実験によって確かめることがねらいである。材料としては、粘土（紙粘土、油粘土）が使いやすいが、アルミホイル箔などを用いても良いだろう。3年の問題解決能力の観点は、「比較」であるが、ここでは手ごたえという直接比較の考えではなく、天秤を用いて数字で比べるという間接比較の考えを導入する。また、見た目や大きさは似ていても、重さを比較することで違う物質であることも理解させる。ちょうど小学校3年の算数では、gやkgなどの単位を学ぶことになっており、算数とも関連している。重さは、中学校で重力について学習する段階で厳密に「質量」と「重さ」に区別するが、ここでは触れる必要はない。しかし、指導する立場の教師として、この違いはきちんと理解しておくことが大切である。

　重力とは、物体が他の物体に引き寄せられる現象およびその力のことで、場所によって異なる。1N（ニュートン）は、約100gの物体にはたらく地球上での重力の大きさのことである。質量は、物体そのものの量で、場所によって変わらず、「上皿天秤」で測定する。重さは、物体に作用する重力の大きさで、場所によって変わり、「ばねはかり」で測定する。例えば、地球上では質量600gで重さ6Nの物体を、重力が地球の1/6の月面上で測定すると、質量は600gで重さは1Nになる。

　上皿天秤の使い方は以下の通りである。まず、水平な台の上に置き、針が左右に等しく振れていることを確かめる。針が左右に等しく振れているときつり合っていることになり、針が止まるまで待つ必要はない。上皿天秤は、未知の

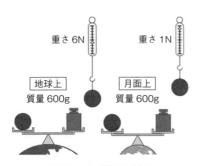

図 2-1-1　質量と重さ
質量は地球上でも月面上でも同じだが、重力により影響を受ける重さは、場所によって異なる。

図 2-1-2　ニュートンはかり
中にバネが入っていて、バネの伸びる程度で重さを測定する。単位はN。

図 2-1-3　電子天秤
低価格のものが市販され、小学校の教科書にも掲載されるようになった。自動上皿天秤ともいう。

ものの質量を調べる時と、薬品などの質量をはかりとる時とで、はかり方が異なるので、間違えないようにする。なお、左利きの人は、逆になる。

上皿天秤の使い方（右利きの場合）

①物質の質量を測るとき

　向かって左の皿に物質をのせ、右の皿に重い分銅から順にのせてつり合わせる。

②一定量の試薬を測るとき

　両方の皿に薬包紙をのせ、左の皿にはかりたい質量の分銅をのせ、右の皿に試薬を少しずつのせてつり合わせる。

図2-1-4　上皿天秤

左右の振れが等しくなるように、測定前にあらかじめ調節ネジで調整しておく。写真は透明な上皿天秤で、てんびんの仕組みがよくわかる。

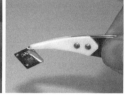

図2-1-5　分銅のつかみ方

分銅をつかむピンセットの持ち方は、1g以上の円柱状の分銅の場合（左図）と、1g以下の板状の分銅の場合（右図）で異なる。

使用する教材

　紙（油）粘土、アルミニウム箔、自動上皿はかり（台ばかり）、てんびん、電子天秤、同じ体積で異なる素材（鉄、アルミニウム、ゴム、プラスチック、木など）

図2-1-6　台はかり

自動上皿はかり（台はかり）は、中にバネが入っていて、重さを測定する機器である。

図2-1-7　重さ比較素材セット

形が同じ3cmの立方体で重さを比較する。左から、銅、プラスチック、鉄、木材、アルミニウムで、それぞれ約235g、39g、210g、15g、72gである。

図2-1-8　アルミニウム箔と油粘土

物の形を変えたときの重さを比較する。粘土やアルミホイル箔の形を変えて、重さがどうなるか比較する。

アルミニウム箔や油粘土は形を自由に変形することができるので、「物と重さ」の教材には最適である。

＋α（プラスあるふぁ）

体積、重さ、質量という言葉が出てきたので、密度についても知っておくと良い。密度とは、単位体積当たりの質量のことで、物質の質量（g）を物質の体積（cm³）で割ったものである。式で書くと次のようになる。

$$密度（g/cm³）= \frac{質量（g）}{体積（cm³）}$$

密度は、物質によって決まっていて、例えば、4℃の条件下で、体積1cm³の水の質量は1gなので、密度は1.00g/cm³である。アルミニウムの密度は2.70、鉄の密度は7.87、最も重い物質である金の密度は19.32である。水の密度は1.00g/cm³なので、密度が1より小さければ水に浮き、1より大きければ水に沈む。木材である檜（ヒノキ）は、密度が約0.49、氷は密度が0.92なので、水に浮く。また、サラダのドレッシングの液体が分離しているのも、油分の密度が小さいので上部に分離して浮いている。

表2-1-1　いろいろな物質の密度

金属	密度	その他	密度
アルミニウム	2.70	水（4℃）	1.00
金	19.32	氷（0℃）	0.92
銀	10.50	ゴム	0.9393
銅	8.96	木材（ヒノキ）	0.49
鉄	7.87	石油	0.80

指導の概略　授業の流れ　　―全⑧時間―

（ア）形が変わっても重さは変わらない	（イ）体積が同じでも重さは違うことがある
・手に取って重さを比べる ・電子天秤の使い方を学ぶ ・粘土の形を変え、重さを比べる【実験】 ・アルミニウム箔でも調べる【実験】	・体積が同じ鉄、ガラス、木などで重さを比べる【実験】 ・食塩、砂糖、砂などで重さを比べる【実験】 ・まとめ

2. 風とゴムの力の働き

> 風とゴムの力の働きについて、力と物の動く様子に着目して、それらを比較しながら調べる活動を通して、次の事項を身に付けることができるよう指導する。
> ア　次のことを理解するとともに、観察、実験などに関する技能を身に付けること。
> 　（ア）（　　　　　）の力は、物を動かすことができること。また、風の力の大きさを変えると、物が動く様子も変わること。
> 　（イ）（　　　　　）の力は、物を動かすことができること。また、ゴムの力の大きさを変えると、物が動く様子も変わること。
> イ　風とゴムの力で物が動く様子について追究する中で、差異点や共通点を基に、風とゴムの力の働きについての問題を見いだし、表現すること。

（風）（ゴム）

解説 ― 指導の要点と基礎知識 ―

　この単元は、平成20年の学習指導要領の改訂で、「物と重さ」と同様に新しく加わった内容であるが、1・2年生での生活科の学習を踏まえて、ものづくりの一環として指導したい。ここでは、風とゴムという2つの働きを利用した車などを作成するが、理科で登場する「エネルギー」概念の基礎となるものである。風は火よりも早く、人類が最初に利用したエネルギーとされており、一方、ゴムは現在ではありふれた材料であるが、弾性の強いゴムは第一次世界大戦（1914～18）以降急速に広まった素材であり、まだ100年ほどの歴史しかない。ゴムは力を加えると変形するが、外力を除くと元に戻ろうとする性質がありこれを弾性という。この元の状態に戻ろうとする力を弾性力（エントロピー弾性）といい、逆に、物体に力を加えて変形させたあと力を取り去っても、物体が元の状態に戻らないような性質は塑性といい、粘土や鉛などがそうである。弾性はゴムだけではなく、金属をコイル状にしたバネなどにもみられ、フックの法則に従うことが知られている。ここでは、歴史的に見て最古のものと、

比較的新しいものの新旧2つの力に関する内容を取り上げて、風やゴムはものを動かす働きがあることを調べることがねらいである。

　最初に、タイヤ、車軸（竹ひご）、段ボール紙などを使って車を作るが、風の車では帆の部分は画用紙、紙コップ、食品のトレイなどいろいろなものを児童に用意させ、工夫した車をものづくりさせる。ゴムの車では、ゴムを車につけたり、発射装置（ものさしなど）につけたり、さまざまな方法があるので、図書などを参考にすると良い。

　風の働きでは、うちわを使うことも可能だが、できれば送風機（扇風機）を用いて、教室の半分を利用するとか、廊下、体育館などの広い場所を確保して実験を行う。送風機は風力が数段階に切り替えられるものが適しており、風の力による車の移動距離が客観的に測定できるように配慮する。ゴムについては、さまざまな長さ、太さ、弾性のものが販売されており、実験にはどれが適当であるかを、あらかじめ使用する車で予備実験をして調べておくと良い。また、移動距離のデータはばらつくので、数回走行させ、メジャーなどで計測後、簡単な棒グラフなどで表示させ、風の強さやゴムの長さなどによる移動距離の比較をさせる。車以外のおもちゃとしては、風の働きでは風車、ゴムの働きではゴム巻き車、もどってくる車、ピンポンロケットなどが考えられる。

使用する教材

　送風機（扇風機、サーキュレーター）、うちわ、車の材料（タイヤ、車軸、段ボール紙、画用紙、紙コップ、など）、ゴム、ものさし、メジャー（巻尺）

図 2-2-1　送風機
数段階に風力が調節できるものが良い。首が長い高さのある機種ではなく、写真のように卓上型のサーキュレーターを使用すれば、床付近で送風が可能である。

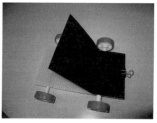

図2-2-2　車の材料

タイヤ（車輪）、シャフト（車軸）、タイヤ留めのセットが教材として販売されている。ゴムタイヤ（左）などもある。段ボールや厚紙の台紙に固定して使用する。

＋α（プラスあるふぁ）

フックの法則

　一般に、物体は弾性と塑性の両面を持っていて、物体に加える力が小さいときは弾性を示し、力が大きいときは塑性を示す。これは、バネをある程度まで伸ばした時は、弾性があり元に戻るが、限界を超えるまで引っ張ると塑性を示し元に戻らなくなったり、切れてしまうことになる。このように、弾性を示す限界を弾性限界という。

　ゴムやバネなどが持つ弾性限界内で、加えた力を f とすると、力 f と変形の大きさ x とは比例関係になり、$f=kx$ で表わされ、k を弾性定数という。この関係はイギリスのロバート・フックにより見いだされたのでフックの法則といい、原点を通る一次関数で表わされる。

指導の概略　授業の流れ　―全⑩時間―

（ア）風の力は物を動かす	（イ）ゴムの力は物を動かす
・身の回りの風の力をさがす ・風で動く車の作成 ・強弱の風で車の移動距離を測定【実験】 ・結果をグラフや表で比較する ・帆の形を変えて調べる	・風の車をゴムの車に改造 ・ゴムの伸ばし方を変えて、移動距離を測定【実験】 ・ゴムの本数を変えて、移動距離を調べる ・風やゴムを利用したおもちゃの作成 ・まとめ

3. 光と音の性質

　光と音の性質について、光を当てたときの明るさや暖かさ、音を出したときの震え方に着目して、光の強さや音の大きさを変えたときの違いを比較しながら調べる活動を通して、次の事項を身に付けることができるよう指導する。

　ア　次のことを理解するとともに、観察、実験などに関する技能を身に付けること。

　　（ア）日光は直進し、集めたり（　　　　）させたりできること。

　　（イ）物に日光を当てると、物の（　　　　）や（　　　　）が変わること。

　　（ウ）物から音が出たり伝わったりするとき、物は震えていること。また、音の大きさが変わるとき物の（　　　　）が変わること。

　イ　光を当てたときの明るさや暖かさの様子、音を出したときの震え方の様子について追究する中で、差異点や共通点を基に、光と音の性質についての問題を見いだし、表現すること。

（反射）（明るさ）（暖かさ）（震え方）

解説 ― 指導の要点と基礎知識 ―

　この単元は今回の改訂から「光」に「音」が追加された。光の性質では、平面鏡や凸レンズ（虫眼鏡）を使って学習する。光には**直進、反射、屈折**という3つの性質があるが、ここでは直進と反射を扱う（屈折は中学校で学ぶ）。ろうそくの炎や懐中電灯のように、光を出すものを**光源**といい、光源から出た光は直進する性質がある。「ものが見える」という現象は、光源から出た光が物体の表面で反射して、その反射した光がわれわれの目に入っているということである。平面鏡を使うと、光を反射させることができる。鏡に光を当てたとき、入射光と、鏡に立てた垂線とのなす角を**入射角**、鏡にあたって反射した反射光と、鏡に立てた垂線とのなす角を**反射角**という。光が鏡などにあたって反射するとき、入射角＝反射角となり、これを**反射の法則**という。反射の実験は、晴れた日に校庭に出て、平面鏡で「的当てゲーム」などをさせると良い。光を

当てる場所は、日かげになるような場所を選び、光の進み方がわかるようにする。

　（ア）で、光を集めるには凸レンズ（虫眼鏡）を使う。凸レンズは中央が膨らんでいるレンズで、平行に入った光を一点に集めることができ、これを**焦点**という。焦点に光を集めることで、大きな凸レンズでは黒い紙などを焦がすことができ、児童にとってはとても興味深い現象であるが、凸レンズでは太陽を見たり、ヒトの体に焦点を合わせたりすることのないよう、安全面では十分な注意が必要である。

　（イ）では、物に日光を当てると、物の明るさや暖かさが変わることを学ぶが、まずは手で温度を実感させ、その後、数枚の平面鏡を使用して光を重ね合わせ、明るさや暖かさの違いを実感させると良い。先に述べた凸レンズを用いて焦点に光を集めることで、明るさや暖かさの違いを調べることもできるが、物が焦げ、煙が出る程度までとする。暖かさの程度を客観的に調べる器具としては、アルコール温度計やサーモテープ、また放射温度計などを利用しても良い。**放射温度計**は、物体から放射される赤外線や可視光線から物体の温度を推定する温度計である。物体にレーザー光を照射することで温度の測定ができるので、離れた場所からや実際に物体に触れずに温度を計測できる。太陽の熱をさらに実感させるには、太陽焦熱炉やソーラークッカーなどを用いてみるのも良い。

　（ウ）では、今回の改訂から加わった音の学習である。太鼓の回りにろうそくを並べ、太鼓を叩くと、空気が振動しろうそくの炎が揺らぐことから、**音は物体が振動する**ことにより、それに接した空気に振動が伝わり、この振動が波として伝わることがわかる。音は気体、液体、固体のいずれにおいても伝わるが、真空中では振動する媒質がないので伝わらない。音は耳の中の鼓膜を振動させることで、われわれは音として認識することができる。

使用する教材

　平面鏡、光を当てる的、凸レンズ（虫眼鏡）、黒い紙、棒温度計、放射温度計、太陽焦熱炉、糸電話（紙コップと糸）、音叉

図2-3-1　凸レンズ

凸レンズは中央が膨らんでい
る。眼鏡は凹レンズである。
レンズの厚さにより焦点距離
が異なる。

図2-3-2　平面鏡

背面に衝立のあるの平面鏡
が使いやすい。100円
ショップで生徒分を購入す
ると良い。

図2-3-3　放射温度計

放射温度計は、非接触で離れた
ところの温度が測定できる。校
舎の壁や蛍光灯など、－60～
500℃まで測定できる。

図2-3-4　糸電話と音叉

糸電話は紙コップとタコ糸で簡単に作成できる。
音叉（おんさ）は、ピアノの調律などに用いられる。

＋α（プラスあるふぁ）

屈折と全反射

　空気から水（ガラス）へ、あるいは水（ガラス）から空気へ、光が違う物質
へ進む時、2つの物質の境界面では光は曲がり屈折が生じる。空気から水（ガ
ラス）へ進むときは、境界面から遠ざかるように屈折し、入射角＞屈折角にな
る。一方、水（ガラス）から空気へ進むときは、境界面に近づくように屈折に
対して、垂直（0°）から順に入射角を大きくしていくと、ある角度で全て境界
面に反射される。これを**全反射**という。水の場合、この臨界角は48.5°、ガラ
スは41.8°である。水槽に入っている金魚を斜め下から見上げると、水面に金
魚が逆さにうつって見えるのはこの全反射である。

凸レンズでできる像

　平行な光は凸レンズを通ると１点に集まり、これを焦点という。レンズの中心から焦点までの距離を焦点距離といい、焦点距離はレンズの厚さによって固有の値がある。ある物体を凸レンズを通してスクリーンに映す時、物体が凸レンズの焦点距離に対してどの位置にあるかによって像のでき方が異なる。物体が焦点距離の２倍より遠い時（A）は小さい倒立の実像、物体が焦点距離の２倍の時（B）は同じ大きさの倒立の実像、物体が焦点距離の２倍より近い時（C）は大きい倒立の実像、物体が焦点距離より近い時（D）は大きい正立の虚像ができる。実像とは、実際に光が集まってできる像で、上下左右が逆になり、カメラのフィルム像が実像である。一方、虚像とは、実際に光が集まっていないみかけの像で、上下左右はそのままであり、虫眼鏡で拡大した像が虚像である。

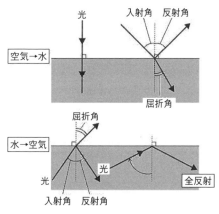

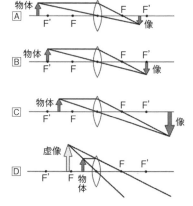

図 2-3-5　光の反射と屈折
空気から水（ガラス）へ進むときは、境界面から遠ざかるように屈折する。入射角＞屈折角
水（ガラス）から空気へ進むときは、境界面に近づくように屈折する。入射角＜屈折角

図 2-3-6　凸レンズによってできる像
F：焦点距離、F'：焦点距離の２倍。
A〜Dのように、物体がどの位置にあるかによってできる像が異なる。
Aは、物体が焦点距離の２倍より遠い時で、小さい倒立の実像になる。
Bは、物体が焦点距離の２倍の時で、同じ大きさの倒立の実像になる。
Cは、物体が焦点距離の２倍より近い時で、大きい倒立の実像になる。
Dは物体が焦点距離より近い時で、大きい正立の虚像になる。

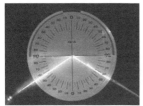  

図 2-3-7 全反射
左斜め下からレーザー光を照射
すると、全て水面で反射され、
水中にはね返る。その臨界角は
48.5° である。

図 2-3-8 光遊びの授業 生徒の様子
左：日なたで、光を平面鏡に当てて反射させ、校舎の陰に光
　の道すじをつくる。光は直進することがわかる。
右：数枚の平面鏡で光を集め、手で暖かさを比べる。

音の速さ

　音を出す物体を音源または発音体といい、音の速さは音を伝える媒質の種類と温度によって決まり、固体、液体、気体の順で伝わる速度は速い。音が空気中を伝わる速さについては、雷雲が遠くにあるときは稲妻が光ってから雷の音が遅れて聞こえることや、打ち上げ花火のなどの体験を思い出させる。一般に、1気圧、t（℃）の空気中を伝わる音の速さ V は次の式で求められ、空気中では約 330m/s である。

$$V = 331.5 + 0.6t$$

音の波形

振幅
（波の高さ）

←振動数
　（波の数）

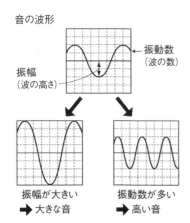

振幅が大きい
➡ 大きな音

振動数が多い
➡ 高い音

図 2-3-9 音の波形
横軸は時間、縦軸は振幅を表す。
同じ振動数の時、大きい振幅の方が大きな音
になる。音の高低は振動数で決まり、振動数
が多いほど高い音になる。

指導の概略　授業の流れ　―全⑩時間―

（ア）日光は集めたり、反射させたりできる	（イ）日光は物の明るさや暖かさを変える
・鏡ではね返した光の進み方を調べる【実験】 ・温度計の使い方 ・鏡で光を的に当て、的の明るさや温度を調べる【実験】 ・虫眼鏡で光を集める	・光を重ねたときと、そうでないときの明るさや暖かさを比べる【実験】 ・虫眼鏡で光を集めても、暖かくなることを確かめる、紙を焦がす【実験】 ・日光でペットボトルの水を温める ・まとめ
（ウ）音が出るとき物は震える	
・身の回りのもので音を出し、震えているか調べる　【実験】 ・音の大きさと物の震え方について調べる	

4. 磁石の性質

　磁石の性質について、磁石を身の回りの物に近付けたときの様子に着目して、それらを比較しながら調べる活動を通して、次の事項を身に付けることができるよう指導する。

　ア　次のことを理解するとともに、観察、実験などに関する技能を身に付けること。

　（ア）磁石に引き付けられる物と引き付けられない物があること。また、磁石に近付けると磁石になる物があること。

　（イ）磁石の（　　　　）は引き合い、（　　　　）は退け合うこと。

　イ　磁石を身の回りの物に近付けたときの様子について追究する中で、差異点や共通点を基に、磁石の性質についての問題を見いだし、表現すること。

（異極）（同極）

解説 ― 指導の要点と基礎知識 ―

　磁石は、児童にとって身近でありかつ興味深いものである。この単元では、磁石の基本的な性質について学ぶ。**磁石**とは、鉄、ニッケル、コバルトなどを引きつける性質を持つものの総称である。自然界では磁鉄鉱（Fe_3O_4）が知られている。身のまわりでよく見かける磁石には、棒磁石、U型磁石、フェライ

ト磁石などがある。磁石が鉄を引き寄せたりする性質を**磁性**といい、このような性質は磁石が**磁気**を持つためである。

　釘、クリップ、ペットボトル、消しゴム、十円玉、アルミニウム箔など、身近なさまざまなものを用意して、磁石につくかどうか調べさせるが、この時、物体（製品）ではなく物質（材料）に着目させる。また、クリップに糸をつなぎ磁石を近づけるとクリップが空中に浮くことから、離れていても磁石の力は働いていることを確かめさせると良い。

　このような磁石の力を**磁力**といい、磁力の働いている空間を**磁界**という。磁石にはS極とN極があり、異なる極同士は引き合い、同じ極同士はしりぞけ合う。磁石のまわりに鉄粉をまくと、N極とS極を結ぶ曲線ができる。これを**磁力線**といい、N極からS極に向かって矢印をつける。磁力の強い所では磁力線の間隔が狭く、磁力の弱い所では磁力線の間隔は広くなる。透明なOHPシートの上に砂鉄をまき、下から磁石を近づけ磁界のようすを観察させるのも面白い。

　また、磁石に付けると磁石になる物があることを学習する場面では、釘やクリップなどを磁石にいくつか連続的につなげたり、磁石でこすったものが磁石としての働きを持つようになったことを確かめさせると良い。これは**磁化**と呼ばれる現象で、磁気を帯びていない鉄を磁石に近づけると、一時的に磁気を帯びることによる（磁気誘導）。販売されている磁石は、もとは鉄などの塊であるが、電線に強い電流を流すことで磁界を発生させ、その強い磁気誘導によって磁化させているのである。

　また、地球自体も大きな磁石であり、地球のまわりには、**地磁気**という磁界が生じている。南極はN極、北極はS極に相当する。したがって、**方位磁針**（方位磁石）のN極は北極のS極に引かれ、S極は南極のN極に引かれる。磁石を糸でつるしたり、棒磁石を発泡スチロール板に乗せ、水の上に浮かべたりして、自由に動けるようにすると、N極が北を指すのはこのためである。

使用する教材

磁石（棒磁石、U字型磁石、フェライト磁石など）、クリップや釘、方位磁針、身の回りのもの（スチール缶、アルミ缶、釘、消しゴム、コップ、ハサミ、木材、ものさしなど）、磁化用コイル

図 2-4-1　いろいろな磁石
左から棒磁石、U字型磁石、アルニコ磁石、丸型フェライト磁石、棒型フェライト磁石。

図 2-4-2　方位磁針
方位磁針は磁針（はり）が磁石になっていて、中央が点で支えられており自由に動く。

図 2-4-3　磁界のようす
棒磁石のまわりにマグチップをふりかけて作成すると良い。

＋α（プラスあるふぁ）

棒磁石を落として折れてしまったとき、折れた部分は何極になるのだろうか？　ゴム製の磁石を切って調べてみると、切った部分は元と同じ極になっているのがわかる。つまり、磁石はどんどん切っていっても、N極とS極の部分の極性は変わらない。これは磁石が一つひとつの小さな原子磁石が結びついたもので、磁石の内部では整然とNSNSNSと一方向に並び、N極とS極を打ち消し合って整列している集合体のような構造になっているからである。このため、磁石の端でのみN極とS極があらわれる。

また、磁化用コイルを使うと、弱くなった磁石の磁力を強くすることができる。これはバラバラになりかけた磁石内部のNSの並び方をもとに戻すことである。逆に、磁力を消磁する場合には、磁石を加熱すれば良い。ある温度に達すると消磁される温度をキュリー温度といい、鉄770℃、ニッケル358℃、コバルト1131℃である。

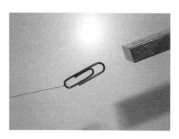

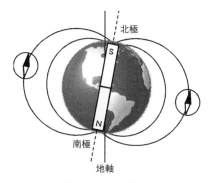

図2-4-4　空中に浮かぶクリップ
磁力は離れていても働く。この空間に
ハサミを入れて空を切ると、磁界が変
化しクリップが落ちる。

図2-4-5　地磁気
磁石のN極が北を指すのは、地球自体が大きな磁
石であり、北極がS極になっているからである。
しかし、南北極は自転する地軸からはズレている。

指導の概略　授業の流れ　　―全⑫時間―

（ア）磁石につく物とそうでない物、磁石 　　　につけると、磁石になるものがある	（イ）異極は引き合い、同極はしりぞけ合う
・磁石につく物は何か調べる【実験】 ・砂鉄で磁石のどこにつくか調べる ・磁石は離れていてもはたらく ・釘やクリップを磁石でこすり、どうなる 　か調べる【実験】 ・磁石になるものは何か調べる	・極同士を近づけ、ようすを調べる【実験】 ・方位磁針の使い方 ・磁石を自由に動けるようにし、指す方角 　を調べる【実験】 ・磁石のおもちゃを作る

5.　電気の通り道

　　電気の回路について、乾電池と豆電球などのつなぎ方と乾電池につないだ物の
　様子に着目して、電気を通すときと通さないときのつなぎ方を比較しながら調べ
　る活動を通して、次の事項を身に付けることができるよう指導する。
　　ア　次のことを理解するとともに、観察、実験などに関する技能を身に付ける
　　　こと。
　　　（ア）（　　　　　）を通すつなぎ方と通さないつなぎ方があること。
　　　（イ）（　　　　　）を通す物と通さない物があること。

> イ　乾電池と豆電球などのつなぎ方と乾電池につないだ物の様子について追究
> 　する中で、差異点や共通点を基に、電気の回路についての問題を見いだし、
> 　表現すること。

（電気）（電気）

解説 ― 指導の要点と基礎知識 ―

　この単元では、豆電球と乾電池を導線でつなぐ活動を通して、電気の通り道について学習する。電気が通る道筋は、輪のようにひとつながりに閉じた状態になっていなければならず、この道筋を回路という。乾電池には＋極と－極があり、回路を流れる電気の向きは、乾電池の＋極から出て、－極へ入る向きと決められている。電気の流れというのは電流のことであるが、ここでは電流という言葉は使用しない。豆電球を点灯させるには、豆電球、導線付きソケット、乾電池の３つを用いるが、乾電池の＋極と－極へきちんとつながれているか、豆電球とソケットがゆるんでいないか、豆電球のフィラメントが切れていないかなど、回路がきちんと閉じた状態になっているかを確認させる必要がある。また、ソケットを使用せずに、豆電球、乾電池、導線だけで点灯させてみるのも面白い。児童はいろいろと自由試行する中で、電気を通し、豆電球を点灯させるためには、乾電池の＋極、豆電球、乾電池の－極を導線で一つの輪のように回路をつなげると良いことを実験から学んでいく。

　回路のようすは、**電気用図記号**を用いて回路図を書くとわかりやすいが、電気用図記号については中学校で学ぶので、ここでは豆電球や乾電池の絵をかいて、電気の通り道が線でひとつながりになっていることを確認する。ここで一つ注意すべき点は、**ショート回路**を作らせないことである。ショート回路とは、乾電池の＋極と－極の間に全く電気抵抗のない通り道を作ることで、この場合、大量の電流が流れ、導線や電池が発熱し、火傷を負うことになる。こうしたつなぎ方は絶対にしないように、あらかじめ教えておくことが必要である。児童全員が豆電球を点灯させることができたら、次は電気を通す物と通さない物があることを、身の回りの身近な物で調査していく。これは、先の「磁石の性質」の単元で、磁石に引き付けられる物と引き付けられない物を調べた時と同じよ

うに調べていけば良い。厚紙に上記で使用した回路をくくり付け、端子を取り付ければ、簡単な通電テスターができあがるので、身の回りの電気を通す物を調べる「金属探し」をさせると良い。ここで、例えばアルミニウム箔は、磁石には引きつけられないが電気は通すという性質があるので、身近な物について、磁石に対する反応と電気の通電性を一覧表にまとめてみることも良いだろう。一般に、電気を通す物質を**導体**（電気の利用、P143参照）、電気を通さないものを**不導体**といい、この単元では導体であるものを探す。ただし、ジュースの缶は表面がコーティングされているので、紙やすりなどで金属部分をむき出し

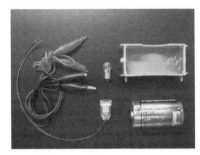

図 2-5-1　通電テスターの材料
豆電球、ソケット、乾電池、乾電池ホルダー、
ミノムシクリップ付き導線。

図 2-5-2　簡易通電テスター
身の回りにあるさまざまな物について、電気
を通す物かどうかを調べる。

図 2-5-3　ショート回路
乾電池の＋極と－極の間に豆電球などを入れ
ずに、直接＋極と－極をつなぐと、発熱し大
変危険である。（図では乾電池にテープを貼
り、通電しないようにしてある）

にする注意が必要である。さらに、ものづくりの一環として、回路にスイッチを取り付ければ、灯台や信号機などの、電気おもちゃづくりを行うこともできる。

使用する教材

豆電球、導線付きソケット、乾電池、乾電池ホルダー、導線、身の回りのもの（スチール缶、アルミ缶、釘、消しゴム、コップ、ハサミ、木材、ものさしなど）

図2-5-4　豆電球

豆電球は、1.5 V用、2.5 V用、3.8 V用などさまざまな種類が販売されているので、実験に適した電圧のものを使用する。

図2-5-5　フィラメント

豆電球の光る部分は、フィラメントである。昔、ジョゼフ・スワンが発明した白熱電球のフィラメント部分に、日本の竹を使用して改良したのはエジソンである。現在のフィラメントは、タングステンが使われている。

＋α（プラスあるふぁ）

電流は、電気の流れである。以前は、電流の向きは＋の電気が移動する向きとされていたが、後になって、電流の正体が電子の流れであることが発見され、実際に移動しているのは－の電気を持った**電子**であることが突き止められた。そのため現在では、電流の向きは電子の移動する向きと逆方向になっている。電流の強さは、A（アンペア）で表わされ、電流計で測定できる。1A＝1000mAである。一方、電圧は電流を流そうとするはたらきである。電圧の大きさは、V（ボルト）で表わされ、電圧計で測定できる。1V＝1000mVである。

電池	─┤├─	電球	⊗
スイッチ	─╱──	抵抗	─▭─
電流計	Ⓐ	導線の交わり（接続する）	─●─
電圧計	Ⓥ	導線の交わり（接続しない）	─┼─

図 2-5-6　電気用図記号
上記の基本的な電気用図記号については覚えておくと良い。

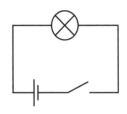

図 2-5-7　回路図
前頁の図2-5-2を電気用図記号を用いて表わした回路図。

指導の概略　授業の流れ　　―全⑩時間―

（ア）電気を通す、通さないつなぎ方がある	（イ）電気を通す、通さない物がある
・豆電球、乾電池、導線付きソケットを使い点灯させる【実験】 ・ソケット無しで点灯させる ・豆電球はひとつながりの輪で点灯する ・電気の通り道を回路という	・電気を通すものがあるか調べる【実験】 ・通電テスターをつくる ・通電テスターで、鉄、アルミニウム、ガラス等を調べ、電気を通す物の特徴を知る【実験】 ・スイッチを使った回路を考える ・電気のおもちゃを作る

6. 身の回りの生物

　身の回りの生物について、探したり育てたりする中で、それらの様子や周辺の環境、成長の過程や体のつくりに着目して、それらを比較しながら調べる活動を通して、次の事項を身に付けることができるよう指導する。

　ア　次のことを理解するとともに、観察、実験などに関する技能を身に付けること。

　　（ア）生物は、（　　　　）、形、（　　　　）など、姿に違いがあること。また、周辺の環境と関わって生きていること。

　　（イ）昆虫の育ち方には一定の順序があること。また、成虫の体は（　　　　）、

> （　　　　）及び（　　　　）からできていること。
> （ウ）　植物の育ち方には一定の順序があること。また、その体は（　　　　）、
> 　　　　（　　　　）及び（　　　　）からできていること。
> イ　身の回りの生物の様子について追究する中で、差異点や共通点を基に、身
> 　の回りの生物と環境との関わり、昆虫や植物の成長のきまりや体のつくりに
> 　ついての問題を見いだし、表現すること。

（色）（大きさ）（頭）（胸）（腹）（根）（茎）（葉）

解説 ─ 指導の要点と基礎知識 ─

　身の回りの生物では、野外に出て動植物を児童自らの手にとって観察する自
然体験活動を、実際に行うことが大切である。身近に適当な動植物がいないか
らといって、DVD などの視聴覚教材だけに頼ることは避けたい。都市部の学
校の校庭でもよく調べてみると、実にさまざまな色、形、大きさの動植物が生
息している。ここでは虫眼鏡などを持たせ複数の動植物を観察させ、児童が今
まで知らなかった「発見」の喜びを大事にしたい。日本は狭い国土でありなが
ら、北から南まで緯度や標高差に富み、世界の中でも有数の生物種を誇ってい
る。生物の多様性という点では、わが国の自然は生物学的にも貴重な環境であ
る。こうした点を踏まえつつ、身近な生物をじっくりと観察し、動植物の生態
系、そしてそれを取り巻く地域環境について考えることはとても大切なことで
ある。一般に、観察とは感覚器官を利用してまわりの情報を収集することであ
るが、眼（視覚）、耳（聴覚）、鼻（嗅覚）、皮膚（触覚）、などの諸感覚を総動
員して自然に触れ合わせる。

　ここでは具体的に、植物ではサクラ、チューリップなどの園芸植物から、タ
ンポポ、シロツメクサ、ナズナ、アブラナ、スミレ、オオイヌノフグリなどの
野草、動物では、アリ、モンシロチョウ、バッタ、テントウムシ、セミなどの
昆虫類、ダンゴムシ（甲殻類）、クモ（クモ類）、ヤスデ（多足類）などが中心
となるが、校内に池などがあれば、カエルやメダカなども観察させるようにし
たい。デジタルカメラなどを使って、観察した生物を撮影し、その画像を用い
て発表したり、身の回りの植物図鑑や小動物図鑑などを作成させても良い。ま

た、野外で観察するだけではなく、前単元の「昆虫と植物」と関連させ、動植物を飼育・栽培することも可能で、ダンゴムシやアリなどを教室で育てたり、クロッカスやヒヤシンスなどの球根植物の水栽培を行うこともできる。

　（イ）の昆虫の学習では、身のまわりの身近な動物として、児童はダンゴムシやクモなども「むし」の仲間として認識しているが、この単元では、昆虫という概念を正確に学ぶ。45億年の地球の歴史の中で、昆虫は4億年前のデボン紀に出現し、多くの化石も残っている。分類学上では、節足動物、昆虫類に属し、現在では150万種にも多様化し、生物の80％を占め、地球上で最も繁栄している生物である。ダンゴムシは節足動物の甲殻類、クモは節足動物のクモ類、ムカデは節足動物の多足類に分類され、いずれも昆虫ではない。昆虫の体のつくりの特徴は、外骨格で覆われており、体が頭部、腹部、胸部の3つに分かれていることである。頭部には、目、口、触覚などがあり、胸部から3対6本の足がはえており、羽も胸部についている。バッタなどでは腹部に気門という穴があり、この穴を通して呼吸している。また、昆虫の成長には大きく2つの方法があり、一つは完全変態と呼ばれ、卵 → 幼虫 → 蛹（さなぎ） → 成虫と変化し、幼虫が蛹になってから成虫になるもので、チョウ、アリ、カブトムシなどがそうである。チョウでは4回脱皮をし、5齢幼虫のあと蛹になる。他方、不完全変態と呼ばれるものは、卵 → 幼虫 → 成虫と変化し、脱皮の度に体が大きくなり、形態がほとんど変化しないもので、バッタ、セミ、トンボ、ゴキブリなどがその例である。

　この単元では、身近な昆虫を観察し、昆虫の体のつくりを調べるとともに、実際に昆虫を飼育することが必要である。教科書ではモンシロチョウが取り上げられており、卵をキャベツ畑やアブラナ科植物から採卵し飼育するようになっている。しかし、キャベツ畑が学校の近くにない場合も多く、採卵は1mm程度で慣れないうちは見つけにくいという問題もある。その解決策として、アブラナの種子を校庭に蒔いておくと良い。こうすれば春先にモンシロチョウが来て産卵する。キャベツ畑に行かなくとも卵が確保でき、アブラナはそのままアオムシの食草として利用でき一石二鳥である。ここで注意したいことは、自然状態では、アオムシはアオムシコマユバチに寄生されていることが大半なの

で、必ず卵から飼育することである。教室内の飼育でも、細かい網目のある飼育箱でハチの侵入を防ぐことが大切である。3〜4週間で蛹から成虫となって、空にはばたくようすは感動を呼ぶ。もし教室でアオムシコマユバチの寄生を目にした場合には、自然界で生物が生きていくことの大変さや、キャベツを栽培する農家の人にとってはモンシロチョウは害虫で、ハチは益虫であることなどを話しても良いだろう。チョウの完全変態を観察したら、トンボやバッタなどの変態の仕方が異なる事例についてもふれる。また、昆虫の頭部について詳しく観察し、エサの取り方と口の形などについて学習しても良い。チョウは口吻<ruby>口吻<rt>こうふん</rt></ruby>というストロー状の吸う口、セミは樹に刺して吸う口、ハエは舐める口、バッタやカマキリは草や肉を噛む口など、エサに対応して、さまざまに異なる形態の口があることがわかる。

　一方、植物の成長は、ヒマワリやホウセンカなどの一年生の双子葉植物を種子から育て、その成長のようすを観察させる。植物は、一般に、種子 → 発芽 → 子葉 → 葉が茂る → 花が咲く → 実ができる → 枯れる、という一連の成長過程があることを理解させる。また、植物の体のつくりは根、茎、葉という器官からなり、根は地下で植物体を支えるとともに水と養分を吸収し、茎は維管束を発達させ、水や養分そして葉で作られたデンプンの通り道としての役割を果たしている。花はやがて種子を形成するが、子孫を残すための生殖器官として機能している。身のまわりには、実にさまざまな植物があるが、それらの体のつくりは、いずれも根・茎・葉からなることを野外に出て観察させる。

　また、ここでは、サツマイモとジャガイモの根と茎を例に挙げて、サツマイモは根に養分を蓄え、食べる部分は根で、芽は根と違うところから生えており、ジャガイモは茎に養分を蓄え、食べる部分は茎で、芽は根と同じところから生えることなどを話しても面白い。

使用する教材

　虫眼鏡、虫かご、植物図鑑、昆虫図鑑、記録用紙、ものさし、視聴覚教材（身近な自然について）

モンシロチョウ（アゲハ）の卵、虫眼鏡、飼育箱、昆虫の模型、視聴覚教材（昆虫や植物の成長のようす）、植物の種子（ホウセンカ、ヒマワリ、ピーマンなど）、栽培道具（スコップ、ビニールポット、立て札、肥料、ジョウロなど）記録用紙、ものさし

図2-6-1　ルーペ

図2-6-2　タンポポ

図2-6-3　ダンゴムシ

図2-6-4　昆虫の飼育箱
モンシロチョウの幼虫などは、必ず網目状の容器で飼育する。

図2-6-5　植物の栽培用具
校庭に栽培園や畑などがあればよいが、ない場合はプランターなどで栽培することもできる。

＋α（プラスあるふぁ）

　動植物の観察では、学校内に植物の栽培園、小動物の飼育舎、学校ビオトープなどを設置することも有効である。学校内の動植物の観察が容易になるばかりでなく、これまで見られなかった昆虫などを新たに学校敷地内に引き寄せることができよう。栽培園といっても大きな面積ではなく、花壇程度のものでも十分であり、生活科の栽培活動での使用も可能である。教材として栽培園で栽培する植物や、飼育舎で飼育する小動物は、厳密には身近な自然とは言えない

ものであるが、動植物に触れるという観点からは利用の仕方によっては有益であろう。こうした意味において、もっとも自然に近いものがビオトープである。ビオトープ（Biotope）とは、生きもの「Bios」と、場所「Topos」を合成したギリシャ語源のドイツ語で、本来は「生きものが暮らせる場所」を意味している。20世紀の後半から日本においても身近な自然環境を見直すものの一つとして、このビオトープという概念が注目されるようになった。学校のビオトープは、「学校ビオトープ」と呼ばれ、自然復元の場と環境教育の場という二面性を持っている。一般に、池などの水辺の環境を伴った自然園のような認識があるが、水辺の環境は必ずしも必要ではなく、森林のビオトープというものも存在する。ビオトープは、その地域本来の自然環境の復元を目指したものであるので、基本的に他の地域からの生物の搬入は行わない。土壌を搬入する際にも、なるべく近くの土壌を選び、その土壌に含まれている種子の発芽による植物の繁茂のみを促す場合さえある。

図2-6-6　ビオトープと飼育舎

小学校に既に設置されている池を改修してビオトープにしても良い。地域に昔から存在する自然環境を再現することが大切であり、栽植する植物種や導入する魚類などの選定にも注意する。
水の確保が重要であるが、図のビオトープ（左、中央）は井戸を掘ったり、雨水を貯水タンクに溜めて再利用するなどした本格的なビオトープである。
また、小学校では小動物の飼育舎（右）もぜひ完備し、小動物と触れ合う機会を持つと良い。

　また、子どもたちが遊びを通して、自然の不思議やしくみを学べるものとして、ネーチャーゲームがある。ネーチャーゲームは、ジョセフ・コーネル（米）氏によって開発された自然体験プログラムで、幼児から大人までさまざまなプログラムが用意されており、身近な自然観察の学習にはピッタリの内容である。ミクロハイク（NO.13）、ネイチャービンゴ（NO.46）、ディスカバーウ

オーク（NO.119）などは学校でも実施できるので、試してみると良い。ネーチャーゲームは、公益社団法人日本シェアリングネイチャー協会の Web Site を見ると詳しく出ている。

　春の七草と秋の七草

　日本では古くより、「芹　なづな　御行　はくべら　仏座　すずな　すずしろ　これぞ七種」と歌が詠まれ（作者不詳）、1月7日に七草粥を食べて、無病を祈る慣習がある。この新春の七草が、セリ、ナズナ、ハハコグサ（ゴギョウ）、ハコベ、コオニタビラコ（ホトケノザ）、カブ（すずな）、ダイコン（すずしろ）の7種類である。同様に、秋の七草は『万葉集』に山上憶良によって、「萩の花 尾花 葛花 瞿麦の花 姫部志 また藤袴 朝貌の花」と詠まれている。秋の七草は、ハギ、ススキ、クズ、ナデシコ、オミナエシ、フジバカマ、キキョウである。ただし、秋の七草は、薬草（生薬）として用いられたり、観賞したりするものである。これらは身近な植物であるが、実物を見たことのある児童は意外に少ない。昔の人々が身近な植物から季節を敏感に感じ取り、自然に親しんでいたようすを話すのも良いだろう。

図2-6-7　キアゲハの成長

　上段左から卵、2齢幼虫、3齢幼虫、5齢幼虫、下段左から前蛹、蛹、成虫の交尾、アオムシコバチに寄生され、ハチが蛹から出てくる様子。キアゲハに寄生するアオムシコバチは、キアゲハの蛹から成虫（ハチ）になって外に出てくるが、モンシロチョウに寄生するのはアオムシコマユバチという別種で、モンシロチョウの幼虫の体を食い破ってハチの幼虫が外に出て、その後蛹になり羽化する。

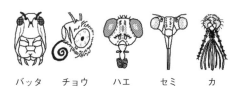

図 2-6-8　昆虫の口器

昆虫はエサによって口器が異なる。何を
食べているのかを考えさせると良い。

図 2-6-9　ホウセンカ

ホウセンカなどを栽培し、草丈や茎の太
さ、葉の数などを調べ、観察記録を取る。

キアゲハの飼育

　モンシロチョウは身近な昆虫であるが、やや小型であることと、幼虫の糞が
液状で、飼育箱を常に清掃しなければならず、飼育が大変であるという難点が
ある。そこで、この問題を解決する方法として、日本全国に分布している大型
のチョウで、糞の処理が簡単な種類として、アゲハもしくはキアゲハがあげら
れる。アゲハは柑橘類やサンショウなどで飼育ができ、キアゲハはニンジン畑
に多くみられるが、ミツバやアシタバをプランターで栽培すれば良い。以下は
キアゲハの成長のようすである。キアゲハは、アオムシコバチに寄生される。

指導の概略　授業の流れ　　—全㉖時間—

（ア）生物は色、形、大きさが違う	（イ）昆虫の育ち方には順序があり、成虫は頭、胸、腹からできている
・サクラ、タンポポなど、身近な植物を観察する【観察】 ・アリ、モンシロチョウなど、身近な動物を観察する【観察】 ・生物は種類によって、色、形、大きさなどが異なる	・チョウの卵を採卵する ・卵の形、大きさなどを調べる ・幼虫を育て、生育を観察する【観察】 ・卵、幼虫、蛹、成虫になるまでの変化を記録する ・不完全変態（バッタなど）する昆虫についても調べる
（ウ）植物の成長には順序があり、植物は根、茎、葉からできている	・不完全変態する昆虫についても、飼育する
・ヒマワリやホウセンカなどの種子を観察する	・チョウやトンボなどの昆虫の体のつくり

・栽培園やプランターに種子をまく ・芽ばえのようすを観察する【観察】 ・植物の栽培を通じて、やがて花が咲き、実がなり、種子ができるようすを記録する ・ヒマワリやホウセンカなどの植物の体のつくりを観察する【観察】 ・植物は根、茎、葉の3つの部分からなる ・根、茎、葉のようすをそれぞれ調べる ・果実、種子ができるようすを観察する	を観察する【観察】 ・成虫は頭、胸、腹の3つの部分からなる ・羽や足はどこについているか調べる ・頭部や口のようすから、エサの違いなどについて考える ・ダンゴムシ、クモなどと昆虫の違いについて確認する

7. 太陽と地面の様子

太陽と地面の様子との関係について、日なたと日陰の様子に着目して、それらを比較しながら調べる活動を通して、次の事項を身に付けることができるよう指導する。

　ア　次のことを理解するとともに、観察、実験などに関する技能を身に付けること。

　（ア）日陰は太陽の光を遮るとでき、日陰の位置は（　　　　）の位置の変化によって変わること。

　（イ）地面は太陽によって暖められ、日なたと日陰では地面の（　　　　）や（　　　　）に違いがあること。

　イ　日なたと日陰の様子について追究する中で、差異点や共通点を基に、太陽と地面の様子との関係についての問題を見いだし、表現すること。

（太陽の動き）（暖かさ）（湿り気）

解説 ― 指導の要点と基礎知識 ―

　児童は「影踏み」遊びなどを通じて、かげについては認識している。しかし、かげ（日陰）は、どのような時にできる現象であるかを考えさせ、かげは必ず太陽が出ている時に、太陽と反対側にできることを校庭に出て、実際に確かめさせる。また、かげの方向や長さについて、太陽の動きと対応して理解できるようにする。地球から見ると、太陽は大きな丸天井のドームに張りついて、東の地平線から上り、正午頃に南で最も高くなり、夕方西に沈むように見える。

この架空のドームを天球（月と星、P89 参照）といい、下半分は地平線下にある。天球上で、太陽が真南に来た時を南中、地平線となす角を南中高度、太陽の一日の動きを太陽の日周運動という。地球は太陽に対して 23.4° 傾斜したまま公転しているので、南中高度は一年を通して変化する。かげは、この太陽の動きに連動してできる現象である。また、かげは太陽の光をさえぎることでできることから、日光の源である太陽を JIS マーク付きの遮光版などで観察しても良い。この際は、直接太陽を見ることが絶対にないように、注意する必要がある。日なたと日かげの比較では、太陽の光が当たっているところは、明るいというだけでなく、温度が高く、暖かく、地面も乾いているということを実際に確かめさせる。温度計を土中に埋め、日なたと日かげの地面の温度を比べたり、温度だけではなく、地面の湿り具合いの違いからも、植物や昆虫などの生物の生育相の違いにも気づかせる。ここでは既に学んだ「光の性質」の単元の「光遊び」などを思い出させると良い。

　さらに、教科書では、校舎壁面の高い場所などの離れた箇所にレーザー光を照射し、温度を測定できる放射温度計が取り上げられており、こうした先端の測定機器を積極的に利用したい。

使用する教材

　地中温度計、放射温度計、遮光板、方位磁針、日時計

図 2-7-1　遮光板
太陽を見るときは、必ず遮光板を使用する。図の遮光板は、遮光度 13 のレベルで、眼に有害な紫外線、赤外線、眩光を完全に遮光できる。

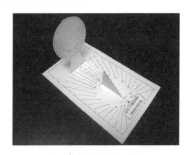

図 2-7-2　日時計
太陽の光を利用した様々な日時計が考案されている。紙細工で簡単に作成できるものも多い。図は、川崎市青少年科学館のもの。

＋α（プラスあるふぁ）

　地球は太陽のまわりを一年間で一周するが、太陽に対して地軸は垂直ではなく、23.4°傾いている。このため南中高度は変化し、この南中高度の変化が、太陽光の地球に当たる時間と放射熱量を変えるので季節が生じる。太陽は非常に明るいので、昼間星座は見えないが、太陽が西の地平線に沈んですぐに西の地平線に見える星座を1ヶ月ごとに観測すると、太陽は1ヶ月ごとに東隣の星座に移動し、1年で元の星座に戻る。このように、太陽が天球上の星座の中を東へ移動し、1年で1周する経路を黄道という。黄道は天の赤道と23.4°傾いて交わっており、この交点のうち、東進している太陽が南から北へ横切る点が春分点、他の交点が秋分点である。太陽が春分点を通過したときが春分で、春分の日（3/20頃）には昼と夜の長さが同じになる。同様に、秋には秋分の日（9/23頃）がある。太陽の南中高度が最も高く、昼の時間が最も長いときが夏至（6/22頃）で、逆に南中高度が最も低く、昼の時間も最も短いのが冬至（12/22頃）である。南中高度は夏至では90°－北緯＋23.4°、冬至では90°－北緯－23.4°、春分・秋分では、90°－北緯で求めることができる（日本は北緯34°近辺である）。

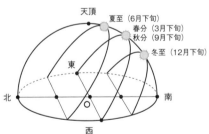

図2-7-3　天球上の太陽の高度変化

地球から太陽の動きを見ると東から昇り西に沈むが、季節によってその道筋が変化する。夏になると太陽の高度は天頂に近くなるが、太陽の南中高度が最も高くなるのが夏至である。春分、秋分の日には、太陽が真東から昇り真西に沈み、昼夜の時間がほぼ同じになる。

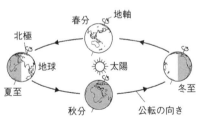

図2-7-4　季節の変化

地球は太陽のまわりを1年かけて公転するが、公転面に対して地軸が23.4°傾いている。そのため、北半球では夏至の位置に地球があるとき、太陽から受けるエネルギー量が最大となり、冬至ではその逆となる。

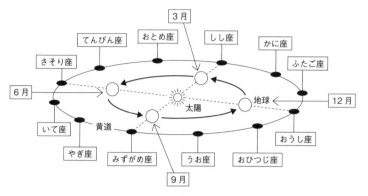

図2-7-5　黄道と黄道12星座

地球から見た太陽は、星座の星の位置を基準にすると、星座の星の間を西から東へゆっくり移動しているように見える。1年経つと再び元の位置に戻ってくる。このとき、星座の星の間の太陽の見かけ上の通り道を黄道といい、黄道上に並ぶ12の星座を黄道12星座という。占星術では、出生時の太陽や月などが、黄道12星座に対してどの位置にあったかで運勢などを占うものである。

指導の概略　授業の流れ　―全⑩時間―

（ア）日陰は太陽と遮るとでき、太陽の動きで変わる	（イ）日なたと日かげの地面の暖かさや湿り気の違い
・影踏み遊びから、影に興味を持つ ・影は太陽の反対側にできる ・影の長さと向きは、時間がたつとどうなるか【実験】 ・方位磁針の使い方 ・太陽の位置と影の関係について ・太陽の一日の動き ・日時計の仕組み	・日なたと日かげの地面の様子を手で感じる ・日なたと日かげの地面の温度を測定する【実験】 ・日なたと日かげの地面の湿り気を比べる ・太陽と地面の様子の関係を調べる

8.　第 3 学年基礎知識の確認問題

CHECK TEST （解答は 168 ページ）

物と重さ

□① ものを形や大きさなど、その外見に着目したとき、何というか。 _____

□② ものを構造や材料など、その性質に着目したとき、何というか。 _____

□③ 地球がその中心に向かって物体をひっぱる力を何というか。 _____

□④ 上皿天秤や電子天秤ではかることができる、場所によって大きさが変わらない物体そのものの量を何というか。 _____

□⑤ ばねはかりや自動上皿はかりではかることのできる、場所によって大きさが変わる物体に作用する重力の大きさを何というか。 _____

□⑥ 約 100g の物体にはたらく地球上での重力の大きさは何 N か。 _____

□⑦ 体積 1cm³ あたりの質量を何というか。また単位は何か。 _____

□⑧ 質量が 11.0g、体積が 12.0cm³ である 0℃の氷の密度はいくらか。 _____

□⑨ 右利きの人が、上皿天秤で物体の質量をはかる時、分銅は左右どちらの皿に載せるか。 _____

□⑩ 右利きの人が、上皿天秤で一定量の薬品などをはかり取る時、分銅は左右どちらの皿に載せるか。 _____

□⑪ 上皿天秤で物体の質量をはかるときは、物体よりやや重い分銅と軽い分銅のどちらから載せた方が、効率よくはかれるか。 _____

風とゴムの力の働き

☐① ゴムのように力を加えると変形し、力を除くと元に戻る性質を何というか。 _____

☐② 力を加え変形させた後、力を除いても元に戻らない性質を何というか。 _____

☐③ 加えた力 f と変形の大きさ x とは比例し、f=kx で表わされる関係は何の法則というか（k：弾性定数）。 _____

光と音の性質

☐① 鏡や水面で光がはね返ることを何というか。 _____

☐② 光が鏡で反射する時、入射角と反射角が等しくなる関係を何の法則というか。 _____

☐③ 光が違う物質に進む時、光の道筋が曲がることを何というか。 _____

☐④ 光が空気中から水中に進む時、入射角と屈折角の大小はどのような関係になるか。 _____

☐⑤ 光が水中から空気中に進む時、入射角と屈折角の大小はどのような関係になるか。 _____

☐⑥ 水やガラスから空気中へ光が進む時、屈折して空気中へ出ていく光がなくなり、全て反射することを何というか。 _____

☐⑦ 凸レンズの軸に平行な光が凸レンズを通ると屈折して一つの点に集まる。この点を何というか。 _____

☐⑧ 凸レンズから焦点までの距離を何というか。 _____

☐⑨ 物体が焦点の外側にあるときにできる像を何というか。 _____

☐⑩ 物体が焦点距離の2倍より離れた位置にあるときにできる像は、物体より大きいか、小さいか。 _____

☐⑪ 物体が焦点距離の2倍から焦点距離の間の位置にあ

るときにできる像は、物体より大きいか、小さいか。　＿＿＿＿＿＿

☐⑫　物体が焦点の内側にあるとき、レンズを通して見える
　　　像を何というか。　＿＿＿＿＿＿

☐⑬　その時にできる像は、どのような像になるか。　＿＿＿＿＿＿

☐⑭　音を出している物体に触ると、物体はどのような状態
　　　をしているか。　＿＿＿＿＿＿

☐⑮　音は海水などの水の中でも伝わるか。　＿＿＿＿＿＿

☐⑯　音が空気中を伝わる速さは1秒間に約何mか。　＿＿＿＿＿＿

☐⑰　音の大きさは、何によって決まるか。　＿＿＿＿＿＿

☐⑱　音の高さは、何によって決まるか。　＿＿＿＿＿＿

磁石の性質

☐①　鉄、ニッケル、コバルトなどを引き付ける性質を持つ
　　　ものを何というか。　＿＿＿＿＿＿

☐②　磁石の種類を3種類あげよ。　＿＿＿＿＿＿

☐③　磁石の端は、N極とS極であるが、磁石を水平に吊る
　　　して自由に動くようにすると、北を指すのは何極か。　＿＿＿＿＿＿

☐④　磁石の同極間ではどのような磁力がはたらくか。　＿＿＿＿＿＿

☐⑤　磁石の異極間ではどのような磁力がはたらくか。　＿＿＿＿＿＿

☐⑥　磁極に鉄片を近づけると、鉄片は磁気誘導によって一
　　　時的に磁石になるが、この現象を何というか。　＿＿＿＿＿＿

☐⑦　地球自身を大きな磁石と考えると、南極はN極とS極
　　　のどちらか。　＿＿＿＿＿＿

☐⑧　磁石の力を磁力というが、磁力のはたらいている空間
　　　を何というか。　＿＿＿＿＿＿

☐⑨　磁界の中で方位磁針のN極が指す向きを何というか。　＿＿＿＿＿＿

☐⑩　磁石のまわりの磁界のようすは、磁石の回りに鉄粉を
　　　まくと曲線のようになる。これを何というか。　＿＿＿＿＿＿

☐⑪　磁力線は、磁石の何極から出て何極に入るような向き

に、矢印をつけて表わすか。　　　　　　　　　＿＿＿＿＿＿

電気の通り道

□① 電気の流れのことを何というか。　　　　　　＿＿＿＿＿＿

□② 電流を流そうとするはたらきのことを何というか。　＿＿＿＿＿＿

□③ 電流の単位は何か。　　　　　　　　　　　　＿＿＿＿＿＿

□④ 電圧の単位は何か。　　　　　　　　　　　　＿＿＿＿＿＿

□⑤ 電流が流れる道筋のことを何というか。　　　＿＿＿＿＿＿

□⑥ 電流の流れる向きは、＋極、－極のどちらからどちら
へ流れるのか。　　　　　　　　　　　　　　　＿＿＿＿＿＿

身の回りの生物

□① 身近な植物を3つあげよ。　　　　　　　　　＿＿＿＿＿＿

□② 身近な動物を3つあげよ。　　　　　　　　　＿＿＿＿＿＿

□③ 昆虫の体は、3つの部分からなるが、その3つは何か。　＿＿＿＿＿＿

□④ 3対の脚や2対の翅は、どの部分に付いているか。　＿＿＿＿＿＿

□⑤ 卵 → 幼虫 → 成虫と変化し、ほとんど形態が変わらな
い成長のしかたを何というか。　　　　　　　　＿＿＿＿＿＿

□⑥ 卵 → 幼虫 → 蛹 → 成虫と変化する成長のしかたを何
というか。　　　　　　　　　　　　　　　　　＿＿＿＿＿＿

□⑦ 不完全変態の生物を3つあげよ。　　　　　　＿＿＿＿＿＿

□⑧ 完全変態の生物を3つあげよ。　　　　　　　＿＿＿＿＿＿

□⑨ 植物の体は、3つの部分からなるが、その3つは何か。　＿＿＿＿＿＿

□⑩ サツマイモの食べる部分は、根、茎のどちらか。　＿＿＿＿＿＿

□⑪ ジャガイモの食べる部分は、根、茎のどちらか。　＿＿＿＿＿＿

太陽と地面の様子

□① 太陽を観察する時は、何を用いると良いか。　＿＿＿＿＿＿

□② 太陽は東から西へ動くが、影はどのように動くか。　＿＿＿＿＿＿

第3章

第4学年の内容と演習

第4学年の目標及び内容

(1) 物質・エネルギー

①空気、水及び金属の性質、電流の働きについての理解を図り、観察、実験など
に関する基本的な技能を身に付けるようにする。

②空気、水及び金属の性質、電流の働きについて追究する中で、主に既習の内容
や生活経験を基に、根拠のある予想や仮説を発想する力を養う。

③空気、水及び金属の性質、電流の働きについて追究する中で、主体的に問題解
決しようとする態度を養う。

(2) 生命・地球

①人の体のつくりと運動、動物の活動や植物の成長と環境との関わり、雨水の行
方と地面の様子、気象現象、月や星についての理解を図り、観察、実験などに
関する基本的な技能を身に付けるようにする。

②人の体のつくりと運動、動物の活動や植物の成長と環境との関わり、雨水の行
方と地面の様子、気象現象、月や星について追究する中で、主に既習の内容や
生活経験を基に、根拠のある予想や仮説を発想する力を養う。

③人の体のつくりと運動、動物の活動や植物の成長と環境との関わり、雨水の行
方と地面の様子、気象現象、月や星について追究する中で、生物を愛護する態
度や主体的に問題解決しようとする態度を養う。

　第4学年の目標は、自然の事物・現象の変化に着目し、変化とそれにかかわ
る要因とを関係付けながら調べ、問題を見いだし、見いだした問題を興味・関
心をもって追究する活動を通して、物の性質やその働きについての見方や考え

方、自然の事物・現象に見られる規則性や関係についての見方や考え方を養うことである。特に、本学年では、学習の過程において、前学年で培った、自然の事物・現象の差異点や共通点に気付いたり、比較したりする能力に加えて、自然の事物・現象の変化とその要因とを関係付ける能力を育成することに重点が置かれている。

A区分（物質・エネルギー）

> 1. 空気と水の性質
> 2. 金属、水、空気と温度
> 3. 電流の働き

B区分（生命・地球）

> 4. 人の体のつくりと運動
> 5. 季節と生物
> 6. 雨水の行方と地面の様子
> 7. 天気の様子
> 8. 月と星

1. 空気と水の性質

> 空気と水の性質について、体積や圧し返す力の変化に着目して、それらと圧す力とを関係付けて調べる活動を通して、次の事項を身に付けることができるよう指導する。
>
> 　ア　次のことを理解するとともに、観察、実験などに関する技能を身に付けること。
>
> 　（ア）閉じ込めた空気を圧すと、体積は（　　　　　）なるが、圧し返す力は（　　　　　）なること。
>
> 　（イ）閉じ込めた（　　　　　）は圧し縮められるが、（　　　　　）は圧し縮められないこと。

イ　空気と水の性質について追究する中で、既習の内容や生活経験を基に、空気と水の体積や圧し返す力の変化と圧す力との関係について、根拠のある予想や仮説を発想し、表現すること。

（小さく）（大きく）（空気）（水）

解説 ― 指導の要点と基礎知識 ―

　目に見えない空気と、身近な存在である水を取り上げ、圧力を加えた時の様子を調べる。最初は、ビニール袋や風船などを利用して、空気を圧した時の手ごたえや体積の変化を体験として確かめる。ビニール袋以外のものとしては、浮き輪、ビニールのクッション、マヨネーズの容器などを使用することもできる。手ごたえが感じられたら、次は注射器や浣腸器などを使い、シリンダーの中に閉じ込めた空気を圧してみる。軽く圧すとゆっくり戻り、強く圧すと勢いよく戻る。また、注射器には目盛りがあるので、より客観的な実験として、目盛りで体積の変化を読みながら、空気の体積変化と圧し返す力とを関係付けてとらえるようにする。これらの実験をとおして、閉じ込めた空気を圧すと体積は小さくなるが、圧しかえす力は大きくなることが確認できる。さらに、空気の代わりに注射器に水を入れて実験を行うと、水は圧し縮められても体積は変わらないことがわかる。

　注射器はガラス製であると、強く圧した時や圧し戻された時に、破損する恐れもあるので、児童の実験にはプラスチック製を使用するようにする。現在は、プラスチック製の使い捨て注射器が安価で購入できるので、児童一人ひとりに実験させたい。また、アクリルの筒、押し棒、発泡ウレタンの玉などを用意し、「空気鉄砲」で空気の体積変化を調べることもできる。空気鉄砲では、アクリルの筒に入れた後方の玉が前方の玉を直接圧すのではなく、前方と後方の間に挟まれた空気が圧縮され、その押しかえす力で前方の玉が飛ばされることをしっかりとらえさせる。「的当てゲーム」などを行うこともできるので、楽しく学習できる。単元のまとめでは、ものづくりの観点からは、ペットボトルを利用した「水ロケット」などを作成することもできる。少量の水を入れ、ポンプで内圧を高めることで、圧縮された空気が水とともに噴射され高く舞い

上がるもので、市販の教材などでは、20 m以上飛ぶものもあり、校庭で行っ
てみるのも良いだろう。

使用する教材

　ビニール袋、浮き輪、マヨネーズ空容器、注射器（浣腸器）、空気鉄砲（ア
クリル筒、スポンジ、押し棒）、水ロケット

 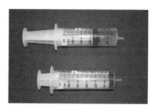 

図 3-1-1　マヨネーズの容器	図 3-1-2　注射器	図 3-1-3　空気鉄砲
マヨネーズやケチャップの空容器は、本単元の良い教材となる。こうした材料を日頃から集めておくと良い。	プラスチック製の注射器は、安価で購入でき、目盛りがついているので、体積の変化を調べるにはちょうど良い。	空気鉄砲は、どの教科書にも掲載されている実験器具の定番である。

＋α（プラスあるふぁ）

　物体と物体が面でふれ合い、垂直に押し合っているようなとき、1㎡あたり
の面を垂直に圧す力を圧力という。圧力は力の大きさに比例し、力がはたらく
面積に反比例する。これはレンガのような直方体をスポンジの上に置く場合、
一番面積の小さい面を下にして置いたときに圧力が大きくなり、スポンジがへ
こむことからもわかる。圧力は次のような式で求められる。

$$圧力（N/㎡）= \frac{地面を垂直に圧す力（N）}{力がはたらく面積（㎡）}$$

　圧力の単位は、N/㎡の他に、Pa（パスカル）で表わすこともあり、1N/㎡
＝1Pa、1hPa＝100Pa である。空気は窒素、酸素、二酸化炭素などの混合気体
であり、1L あたりの質量は約 1.2g ある。空気は地表 10Km 程上空まで存在し
ているので、地表面では空気の重さによる圧力を受けており、これを大気圧と
いう。大気圧は上空ほど小さくなるが、地表面では 1 気圧（1013hPa）である。

大気圧は実感しにくいが、計算しやすいように、仮に1気圧＝1000hPaとすると、1気圧＝1000hPa＝100000Paで、1㎡あたりは100000N、1㎡＝10000㎠なので、100000(N)÷10000(㎠)＝10(N/㎠)となる。つまり、1㎠あたり10Nであり、1㎠あたり1kgの物体をのせていることになる。これはかなり大きな力であり、水を10m持ち上げる程度の力である。

　パスカルの原理

　容器内に閉じ込められた液体や気体の一部に加えられた圧力は、液体や気体の各部分に伝わり、どの面にも垂直で同じ大きさではたらく。これをパスカルの原理という。断面積の違う2つのピストンを連結し、中に液体を閉じ込めた装置を水圧機といい、パスカルの原理があてはまる。例えば、ピストンA、Bの断面積をそれぞれS_A（㎠）、S_B（㎠）とし、ピストンの重さとその上に載せたおもりの質量の和をW_A（g）、W_B（g）とすると、Aのピストンの圧力はW_A/S_A（N/㎠）、Bのピストンの圧力はW_B/S_B（N/㎠）となり、次の式が成り立つ。

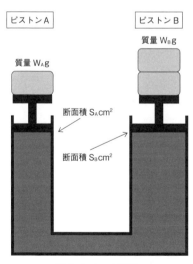

図3-1-4　水圧機

パスカルの原理は、車を持ち上げる油圧ジャッキ、フォークリフト、車のブレーキなどに応用されている。実際には、上記の図で、おもりをのせているピストンの質量も含めて考えなくてはならない。

$$\frac{W_A}{S_A} = \frac{W_B}{S_B}$$

これより、Aの断面積を小さくし、Bの断面積を大きくすると、小さな力を大きな力に変えることができる。

指導の概略　授業の流れ　―全⑩時間―

（ア）空気を圧すと体積は小さくなり、圧し返す力は大きくなる	（イ）水は圧し縮めることはできない
・いろいろなものに空気を入れて圧し、手ごたえを確かめる ・空気を圧縮して、空気鉄砲の玉を飛ばす【実験】 ・閉じ込めた空気の体積変化を注射器の目盛りで調べる【実験】 ・閉じ込めた空気を圧す力と体積の関係を関連づける	・空気と同じように、いろいろなものに水を入れて圧し、手ごたえを確かめる ・閉じ込めた空気の体積変化を注射器の目盛りで調べる【実験】 ・閉じ込めた水を圧す力と体積の関係を関連づける

2. 金属、水、空気と温度

　金属、水及び空気の性質について、体積や状態の変化、熱の伝わり方に着目して、それらと温度の変化とを関係付けて調べる活動を通して、次の事項を身に付けることができるよう指導する。

　ア　次のことを理解するとともに、観察、実験などに関する技能を身に付けること。

　　（ア）金属、水及び空気は、温めたり冷やしたりすると、それらの（　　　　）が変わるが、その程度には違いがあること。

　　（イ）金属は熱せられた部分から順に温まるが、（　　　）や（　　　）は熱せられた部分が移動して全体が温まること。

　　（ウ）水は、温度によって（　　　）や（　　　）に変わること。また、水が氷になると（　　　）が増えること。

　イ　金属、水及び空気の性質について追究する中で、既習の内容や生活経験を

基に、金属、水及び空気の温度を変化させたときの体積や状態の変化、熱の伝わり方について、根拠のある予想や仮説を発想し、表現すること。

(体積）（水）（空気）（水蒸気）（氷）（体積)

解説 ― 指導の要点と基礎知識 ―

この単元は、（ア）→ 温度による金属、水、空気の体積変化、（イ）→ 金属、水、空気の温度の伝わり方、（ウ）→ 水の状態変化という構成になっており、非常に多くの内容を含み、物質の三態の基礎を学ぶところである。実験によって、一つひとつの内容をしっかりと理解させたい。まず最初は、物質の温度と体積の関係についてであり、金属（固体）、水（液体）、空気（気体）をそれぞれ温めたり、冷やしたりするときの変化のようすを、実験によって確かめる。まず金属を温めたり、冷やしたり、温度を変えると体積がどうなるかは、金属球膨張試験器を使うと良い。金属（黄銅）の球をアルコールランプなどで熱すると、常温で通過していた輪をくぐり抜けることができなくなる。しかし、その球を冷やすと、再び輪をくぐり抜けられるようになる。金属の膨張と収縮は、電車のレールが、夏の暑い日射で膨張し歪まないように、レールの継ぎ目を僅かに開けていることの理由としても説明できる。水も金属と同様に、温度による変化がそれほど大きくはない。丸底フラスコにガラス管を付けたゴム栓をし、ガラス管の途中まで水で満たし、そのフラスコをお湯や冷水の中につけて、ガラス管と水のメニスカス（ガラス管内の水の表面が下にくぼんだ曲面）を比較する。空気の場合は、体積の変化が一番大きくわかりやすい。丸底フラスコにスポンジの栓をし、お湯につけると、中の空気が膨張し、栓がポンと飛び出すことから確かめられる。冷やす場合は、膨らませた風船をフラスコに被せ、風船がしぼむようすを観察すると良いだろう。空気以外はわずかな増減ではあるが、金属、水、空気とも、温めると体積は膨張し、冷やすと収縮することがわかる。

次に、金属（固体）、水（液体）、空気（気体）の温まり方であるが、金属では、銅版などにロウを塗り、アルコールランプで加熱すると、そのとけ方から、固体は温められた場所から徐々にまわりに広がっていくことがわかる。サーモテープを銅板に置いても良い。水の場合は、味噌やおがくずを入れて加熱する

か、サーモインクという温度によって色が変化する試薬を入れて観察する。空気の場合は、ビーカーにアルミホイルで蓋をし、線香の煙を入れ、ビーカーを加熱した時の煙の移動のようすを観察すると良い。このような実験は、鍋やフライパンなどの調理器具による加熱料理、お風呂の水の温まり方、部屋の暖房のようすなどをふり返りながら、温まり方を考えると良いだろう。熱は、固体＞液体＞気体の順に伝わりやすい。特に、金属（固体）において熱がまわりに移動して伝わっていくことは**伝導**といい、熱伝導率で表わすことができる。例えば、代表的な金属では、銀（1.00）＞銅（0.94）＞アルミニウム（0.55）＞鉄（0.19）である。一方、液体や気体では、物質そのものが移動して熱を伝えていくので、**対流**という。太陽のように、光によって熱が地球に届く場合は、**放射**という。

　3つ目の内容は水の状態変化である。一般に、ある物質が同じ質量の時、固体は液体より体積が小さい。しかし、水は例外で、固体（氷）になると体積が1.1倍に増加する。また、液体が気体になると体積は爆発的に大きくなり、水の場合では、気体（水蒸気）になると体積は1,700倍にもなる。この状態変化の学習では、水を沸騰させた時に出てくる泡の正体を確かめる実験がある。多くの児童は、「空気」と予想するが、捕集したビニール袋に液体がたまっていることから、泡の正体が水蒸気であることを学ぶ。

使用する教材

　銅板、金属棒、金属球膨張試験器、アルコールランプ、サーモテープ、サーモインク、丸底フラスコ、スポンジ、ガラス管付きゴム栓、ビーカー、線香、

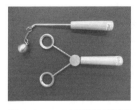

図3-2-1　金属球膨張試験器
金属を温めると体積が膨張し、冷やすと元に戻ることを調べる。

図3-2-2　銅板
金属板を熱すると熱はどのように伝達されるのかを、形状の違う銅板にロウを塗り調べる。

図3-2-3　サーモテープ
ある温度を超えると色が変わる示温テープ。40、50、60、70℃のものがある。

水槽、実験用ガスコンロ

図 3-2-4　サーモインク
温度変化を色の変化として、視覚的にとらえることができる。

図 3-2-5　アルコールランプ
小学校の加熱器具の定番である。児童全員に点火と消火ができるようにさせる。

図 3-2-6　実験用ガスコンロ
小学校では、アルコールランプより強い炎での加熱をするときは、ガスバーナーではなく、実験用ガスコンロを使うことが多い。

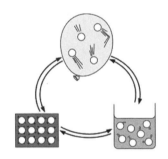

図 3-2-7　物質の三態
固体は粒子が規則正しく並び、ぎっしり詰まっている。液体は粒子の間に隙間があり、粒子は動くことができる。気体は、粒子どうしは離れ、自由に飛び回る。

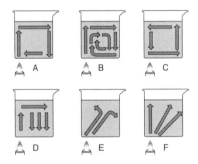

図 3-2-8　水の温まり方
水が入ったビーカーの隅をアルコールランプでゆるやかに加熱すると、水はA〜Fのうち、どのようにあたたまるか？

＋α（プラスあるふぁ）

　物質は原子や分子などから構成されているが、これらの粒子そのものは変化せず、その粒子の配列によって変化することを物質の**状態変化**という。物質が温度によって固体、液体、気体と状態を変えることから三態変化ともいう。状態変化は物理変化であり、原子や分子の集合状態の変化によるものなので、温

度・圧力などの外的条件をもとにもどすと、もとの状態にもどる。物質を構成する粒子は絶えず運動している。これを**熱運動**といい、熱運動の激しさを表す尺度を**温度**という。熱運動が激しいほど温度は高い。粒子が一定の位置に配列し振動している状態が**固体**、粒子は互いに引き合うが相互の位置は変わる状態が**液体**、粒子が自由に運動している状態が**気体**である。

　固体が液体になる変化を**融解**といい、このときの温度を**融点**という。逆に、液体が固体になる変化を**凝固**といい、このときの温度を**凝固点**という。液体が気体になる変化を**気化**といい、逆に気体が液体になる変化は**凝縮**＊という。気化のうち、液体がその表面から気体になることは**蒸発**といい、液体が加熱されて、内部からさかんに泡をだし沸き立つ現象は**沸騰**という。沸騰するときの温度を**沸点**という。ドライアイス（二酸化炭素の固体）やナフタレン（防虫剤）などのように、液体にならずに、直接気体になるものがあり、これを**昇華**といい、気体から固体になる場合も同様に呼ぶ。

＊冷たいコップの外側に結露ができるのは、空気中の水蒸気が飽和し、水になったからであるが、この凝縮のことを凝結（天気の様子、P85参照）と呼ぶことがある。

アルコールランプの使用法

　アルコールランプは、小学校ではよく使う加熱用具である。まず、口から出ている芯が5mm程度か、燃料のアルコール（メタノール）の量が8割程度入っているか、マッチの燃えカス入れ、ぬれ雑巾の有無などを確認する。アルコールを補充するときは、ろうとを使う。エタノールは高価なので、燃料用アルコールかメタノールを使用すると良い。

点火の方法

①アルコールランプの本体を押さえながら蓋を取る。

②マッチを擦る。マッチは手前から外側に向けて擦る。

③アルコールランプ本体を押さえ、マッチの炎を芯の斜め下から近づけて点火する。

消火の方法

①アルコールランプ本体を押さえて、炎の斜め上から素早く蓋をする。

②長時間使用したときは、一度蓋をかぶせて火を消した後、すぐに蓋を取り、

冷えたら再び蓋をする。(蓋が割れたり、取れなくなったりするのを防ぐため。また蓋の中にアルコールが残ったままになり、次に使うときに引火するのを防ぐため)

口で吹き消してはいけない。

指導の概略　授業の流れ　—全㉗時間—

（ア）金属、水、空気は温度によって体積が変わる	（イ）金属は温めた部分から熱が広がるが、水や空気はそれ自身が移動して熱が伝わる
・金属球膨張試験器を用いて、温度変化による金属の膨張と収縮を確かめる【実験】 ・細いガラス管に入れた水を間接的に温めたり冷やしたりして、温度による体積の変化を調べる【実験】 ・フラスコや試験管に閉じ込めた空気を温めたり冷やしたりして、温度による体積の変化を調べる【実験】	・銅板や金属棒を加熱して、熱の伝わるようすを調べる【実験】 ・水に味噌やサーモインクなどを入れて加熱し、熱した部分が移動することを確かめる【実験】 ・アルミ箔でふたをしたビーカーに線香の煙を入れて加熱し、空気の移動のようすを調べる【実験】
（ウ）水は水蒸気や氷になり、氷になっても体積は増える	
・水を温めると100℃で沸騰し、そのときに出ている泡の正体を調べる【実験】 ・水を冷やすと0℃で氷になり、体積が増加することを確かめる。	

3. 電流の働き

　電流の働きについて、電流の大きさや向きと乾電池につないだ物の様子に着目して、それらを関係付けて調べる活動を通して、次の事項を身に付けることができるよう指導する。

　　ア　次のことを理解するとともに、観察、実験などに関する技能を身に付けること。

　　　（ア）乾電池の数やつなぎ方を変えると、電流の大きさや向きが変わり、豆電球の（　　　）やモーターの（　　　）が変わること。

イ　電流の働きについて追究する中で、既習の内容や生活経験を基に、電流の
　大きさや向きと乾電池につないだ物の様子との関係について、根拠のある予
　想や仮説を発想し、表現すること。

(明るさ)(回り方)

解説 ─ 指導の要点と基礎知識 ─

　3年生「電気の通り道」の単元では、「電気」という言葉を使っていたが、4
年生では電気の流れを「電流」と呼ぶ。ここでは、豆電球ではなくモーターと
いう、電池の極へのつなぐ方向によって回転が変わる教材を使用することで、
電流が＋極から出て、－極に流れることを学ぶ。検流計を用いて、モーターの
回転する向きと検流計の針の向きを、乾電池につないだ極との関係で調べさせ
る。電流の向きを調べるには、この他に、極性のある発光ダイオードを使用す
ることも考えられよう。さらに、直列つなぎと並列つなぎについて、豆電球の
明るさやモーターの回転のようすを、電池のつなぎ方によってどのようになる
のかを調べ、それらを電流の強さと関係づける。

使用する教材

　豆電球、ソケット、導線、乾電池、モーター、プロペラ、簡易検流計

図 3-3-1　簡易検流計
左側が電磁石、右側がモーターの
切り替えスイッチがついている。

図 3-3-2　検流計
中学校などでは、このタイプの検
流計を使うことが多い。

＋α（プラスあるふぁ）

　直列回路（直列つなぎ）は、電流の流れる道すじが一つの輪のようになっている回路である。一方、並列回路（並列つなぎ）は、電流の流れる道すじが枝分かれしている回路である。

　回路を流れる電流の強さについて、直列回路では回路のどの点（I_1、I_2、I_3）でも電流の強さは等しく、並列回路では枝分かれする部分に注目すると、流れ込む電流の和（I）とその点から流れ出す電流の和（I'）は等しい。一方、

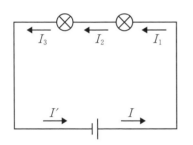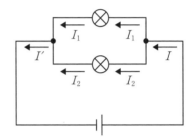

図 3-3-3　回路の各点を流れる電流の強さ（左：直列回路、右：並列回路）
左は直列回路、右は並列回路である。
直列回路では、回路の各点 I_1、I_2、I_3 を流れる電流はどこでも等しい。
$I = I_1 = I_2 = I_3 = I'$
並列回路では、枝分かれする前後で、流れ込む電流と流れ出す電流の和は等しい。
$I = I_1 + I_2 = I'$

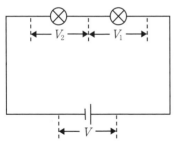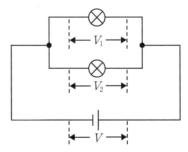

図 3-3-4　回路の各区間に加わる電圧の大きさ（左：直列回路、右：並列回路）
左は直列回路、右は並列回路である。
直列回路では、回路の各区間 V_1、V_2 にかかる電圧の和は、回路全体の電圧に等しい。
$V_1 + V_2 = V$
並列回路では、枝分かれする前後でも、各区間 V_1、V_2 にかかる電圧はどこでも等しい。
$V_1 = V_2 = V$

回路の各区間に加わる電圧の大きさについて、直列回路では各部分（V_1、V_2）の電圧の和は回路全体の電圧（V）に等しく、並列回路では回路全体の電圧（V）と各部分（V_1、V_2）にかかる電圧は等しい。

検流計の使い方

　回路を流れている電流の強さを測定するには、検流計を使用する。検流計の使い方は以下の通りである。

①検流計の指針が、何もつないでいない時は、中央の 0（ゼロ）を指していることを確認する。

②測定したい回路の途中に検流計をつなぐ。

③簡易検流計などで、「電磁石」と「豆電球（モーター）」の切り替えスイッチがついているときは、つなぐものによりどちらかを選択する。

④回路のスイッチを入れて、目盛りを読み取る。指針が振り切れたら、「電磁石」の方に替える。指針が左右のどちらかに振れるので、電流が流れる方向がわかる。

＊検流計は、必ず豆電球やモーターを間に入れた回路に接続し、検流計だけを乾電池につないではいけない。また、目盛りが0.2A 毎なので、弱い電流や電流の強さをより正確に測定する場合には、電流計を使用する（電流がつくる磁力、P106 参照）。

指導の概略　授業の流れ　　―全⑧時間―

（ア）乾電池の数やつなぎ方を変えると、豆電球の明るさやモーターの回転が変わる
・電気の流れを電流という ・乾電池の数を変え、豆電球の明るさやモーターの回転数との関係を調べる【実験】 ・電流の流れる方向を逆にすることで、モーターの回転方向の違いを調べる【実験】 ・直列つなぎと並列つなぎで、電流の強さと向きについて確かめる

4. 人の体のつくりと運動

人や他の動物について、骨や筋肉のつくりと働きに着目して、それらを関係付けて調べる活動を通して、次の事項を身に付けることができるよう指導する。

ア　次のことを理解するとともに、観察、実験などに関する技能を身に付けること。

（ア）　人の体には（　　　　）と（　　　　）があること。

（イ）　人が体を動かすことができるのは、骨、筋肉の働きによること。

イ　人や他の動物について追究する中で、既習の内容や生活経験を基に、人や他の動物の骨や筋肉のつくりと働きについて、根拠のある予想や仮説を発想し、表現すること。

（骨）（筋肉）

解説 ― 指導の要点と基礎知識 ―

　動物の体のつくりや運動の仕組みについて学ぶ手がかりとして、まず自分の体を使って骨や筋肉について、触って調べることから始める。骨や筋肉は運動器官であり、人や動物が活動するための器官である。人の場合、206個ほどの骨があるとされ、その形状から長骨、短骨、扁平骨、不規則形骨の4種類の骨格に分けられる。骨格の主な働きは、①体を動かす、②体を支える、③内臓などを保護することで、この骨格のまわりに筋肉がついている。筋肉は400種類もあり、各部位によってさまざまな働きを担っているが、①骨格を動かす骨格筋、②内臓を動かす内臓筋に分けることができる。また、骨格筋は自らの意志によってその筋肉を動かすことができる随意筋で、内臓筋は意志とは無関係に運動する不随意筋である。骨格筋は縞模様の横紋筋であり、内臓筋は縞模様のない平滑筋である。内臓のうち心臓の心筋だけは例外で、激しい鼓動にも耐えられるように横紋筋からできている。また、体の各部分にある曲がるところは関節といい、筋肉は腱によって骨格とつながれている。ヒトの腕では、上腕骨（肩と肘の間の部分）の内側に上腕二頭筋、外側に上腕三頭筋があり、腕を

曲げた時、内側の上腕二頭筋が縮み、外側の上腕三頭筋が緩む。腕を伸ばした時はその逆で、内側の筋肉が緩み、外側の筋肉が縮む。腕を曲げて、力こぶを見せるときに、膨らんで（縮んで）いるのは上腕二頭筋である。視聴覚教材や筋肉と関節の模型などを見て、腕が曲がる仕組みについて理解するとともに、割りばしとゴムなどを利用して、腕の曲がる模型を自作させても面白い。

使用する教材

　人体骨格模型、筋肉と関節の模型、腕の模型（割りばし、ゴム）

図 3-4-1　人体骨格模型
最近は等身大ではなく、卓上の小型の骨格模型も販売されている。

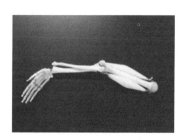

図 3-4-2　骨と筋肉の動き実験器
筋肉部分はゴムでできており、収縮、弛緩の仕組みがよくわかる。

＋α（プラスあるふぁ）

　動物のうち、脊椎動物のように骨格が筋肉の内部にある場合は**内骨格**という。これに対して、昆虫類、甲殻類（エビ、カニ）などの節足動物は、体が**外骨格**で覆われており、伸筋と屈筋を交互に収縮することによって屈伸することができる。また、ミミズのような骨格をもたない動物は、体の前方向に並ぶ縦走筋と体を取り巻く環状筋を交互に伸縮することで運動する。

　人の腕では、骨と筋肉は次のようになっており、てこの原理で伸び縮みを行っている。

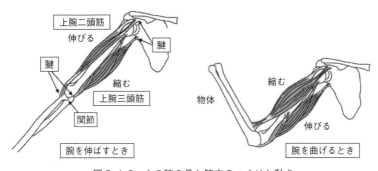

図3-4-3　人の腕の骨と筋肉のつくりと動き

左の図は、手のひらを上にして（腕の内側を上にして）腕を下げている様子。腕を曲げるときは、腕の内側の筋肉（上腕二頭筋）が縮み、外側の上腕三頭筋が緩む。

指導の概略　授業の流れ　　―全⑪時間―

（ア）人の体には骨と筋肉がある	（イ）体を動かすのは骨と筋肉の働きによる
・人が運動しているときのようすを考える ・運動するには体のどこが関係しているかを考える ・自分の体を触り、硬い骨と、そのまわりに筋肉があることを調べる【実験】 ・人の骨格模型などで、骨の役割りや働きなどについて学ぶ ・人が運動するには、筋肉の働きが大きいことを知る ・体で曲がる部分の仕組みについて調べる	・腕の関節を例にして、筋肉の弛緩と収縮によって腕が曲がることを学ぶ ・骨格模型やモデル実験器などを利用して、筋肉と骨の動きを確かめる【実験】 ・人以外の動物の運動のようすについて調べる

5. 季節と生物

　身近な動物や植物について、探したり育てたりする中で、動物の活動や植物の成長と季節の変化に着目して、それらを関係付けて調べる活動を通して、次の事項を身に付けることができるよう指導する。

　ア　次のことを理解するとともに、観察、実験などに関する技能を身に付けること。

（ア）動物の活動は、（　　　　）季節、寒い季節などによって違いがあること。

（イ）植物の成長は、暖かい季節、（　　　　）季節などによって違いがあること。

イ　身近な動物や植物について追究する中で、既習の内容や生活経験を基に、季節ごとの動物の活動や植物の成長の変化について、根拠のある予想や仮説を発想し、表現すること。

（暖かい）（寒い）

解説 ― 指導の要点と基礎知識 ―

　3年の「身近な自然の観察」では、学校近辺にどのような動植物がいるのか観察を行ったが、この単元では、観察だけではなく、実際に動植物を飼育・栽培したりして、動植物の活動や成長を季節との関係でとらえるようにすることが目標である。季節に応じて、動植物はさまざまな活動をするが、季節の違いを生じさせている原因は気温の変化である。気温によって、植物の成長は大きく左右され、その植物の成長の度合いによって、動物の活動や成長も大きく変化してくる。このように、植物の成長や動物の活動を気温とそれによる環境の変化と関連づけてとらえていく。

　季節による違いは夏と冬を中心に、春と秋も含めて、1年を通じて同地点で同一対象を定期的に観察する。ここでは具体的に、動物、植物それぞれについて、2種類以上の生物の活動や成長のようすを調べることが求められている。北海道から沖縄まで南北に細長いわが国では、地域によって多種多様な動植物の観察が考えられるが、地域の状況に合わせて、身近な動植物をそれぞれ2種類以上選定したいところである。ここでは校庭や学校近辺で、落葉樹木を選定し、紅葉などの葉の色の変化や実ができていくようすなどを定期的に観察すると良い。動物は活動範囲が定まっていないこともあり、選定が難しい面もあるが、3年の「身近な自然の観察」で学んだ動物を再度取り上げて、季節を追って観察していくことも可能であろう。また、学校敷地内の飼育舎の動物や学校ビオトープに生息している水生昆虫、魚類、ザリガニなどの甲殻類、カエル・イモリなどの両生類を選んでも良い。地域によっては、ツバメやガンなどの渡

り鳥を観察の対象としても良いだろう。代表的な動植物としては、以下のようなものがあげられる。

四季の代表的な植物

春…サクラ、アブラナ、タンポポ、シロツメクサ、チューリップ、スイセン、パンジー、モクレン

夏…ホウセンカ、アサガオ、ヒマワリ、ヘチマ、ツルレイシ、アジサイ、ヤマユリ、ヒメジョオン

秋…コスモス、ケイトウ、オナモミ、セイタカアワダチソウ、キク、ヒガンバナ、ススキ

冬…カンツバキ、サツキ、サザンカ、コウバイ

四季の代表的な動物

春…モンシロチョウ、アゲハの幼虫、ミツバチ、テントウムシ、オタマジャクシ、ウグイス、コイ

夏…バッタ、アゲハ、カブトムシ、セミ、トンボ、カエル、ツバメ、カッコウ、ヘビ、ホタル、

秋…コオロギ、カマキリ、ツユムシ、キリギリス、スズムシ、アキアカネ、モズ、カワセミ

冬…タンチョウ、ハクチョウ、カマキリの卵、アゲハの蛹、イラガの繭

図3-5-1　キャンパスの季節の移り変わり

北海道教育大学旭川校キャンパスの自然科学棟前のようす。旭川市の雪のおとずれは、11月中・下旬である。図左：春のようす、図右：冬のようす。

図 3-5-2　キャンパス内の生物の変化

大学のキャンパス内でも身近に季節の変化を生物から感じることができる。

図左：雪ではなく、ドロノキ（ポプラの仲間のヤナギ科植物）の綿毛である。6月になると図書館北側の大木から一斉に果皮が割れ、中から白い綿毛に包まれた種が大量に空中を舞い、地面を覆い尽くす。

図中央：北国の冬の訪れを告げる通称「雪虫」。10月中旬に一斉に空中を舞う。トドノネオオワタムシ（*Prociphilus oriens*）というアブラムシの一種。生活史の中で、トドマツからヤチダモへの移動が大移動の原因である。可愛らしい名前とは裏腹に、蝋物質が衣服に付着すると取れないので害虫である。

図右：キャンパス内で生息するエゾリスも、秋になると盛んに地上に降りてエサ集めをする。

使用する教材

　虫眼鏡、デジタルカメラ、デジタルビデオカメラ、視聴覚教材（季節の動植物 DVD）

図 3-5-3　デジタルビデオカメラ

最近は高画質のデジタルビデオカメラを安価で手に入れることができる。季節ごとの生物を録画しておき、パソコンで編集することもできる。

図 3-5-4　デジタルカメラ

デジタルビデオカメラよりさらに気軽に使用できるのが、デジタルカメラである。理科授業の教材ネタ探しのために、常に携帯しておきたいものである。

＋α（プラスあるふぁ）

　繁殖などのために定期的に長い距離を移動する鳥を渡り鳥という。季節の変わり目に飛来するので、四季の移り変わりの基準にもなり、本単元の内容にふ

さわしい教材である。日本には、春に南方から飛来し、卵を産み、ヒナを育て、秋に日本が寒くなると南方へ帰るツバメ、カッコウなどがおり、**夏鳥**と呼ばれる。一方、寒さを避けて秋に北方から飛来し、冬を過ごし、春に北へ帰るハクチョウ、ガンなどもおり、**冬鳥**という。また、クジラ、イルカなどの海洋哺乳類や、マグロ、カツオ、イワシなどは、エサとなるプランクトンや小魚の分布、水温、繁殖などにより夏には高緯度地方へ行き、冬には低緯度地方へ移動する現象がみられる。これらは回遊と呼ばれ、魚では**回遊魚**という。

　動物の越冬のようすもさまざまある。両生類（カエルなど）や爬虫類（ヘビ、トカゲ、カメなど）は変温動物なので、冬になると体温が下がり冬眠をする。哺乳類であるクマは恒温動物なので、冬でも体温は低下しないが冬眠をする。昆虫類は、さまざまな形態で冬を越す。バッタ、コオロギ、カマキリなどは卵で、セミは土中に幼虫で、アゲハは蛹で、テントウムシは成虫で木の皮の間などに集まって冬を越す。しかし、同じチョウの仲間でもミドリシジミは卵、オオムラサキは幼虫、キチョウは成虫などと冬越しの方法は多種多様である。

表 3-5-1　昆虫の冬越し

卵	幼虫	蛹	成虫
バッタ	カブトムシ	モンシロチョウ	テントウムシ
カマキリ	ミノガ（ミノムシ）	アゲハ	アリ
アキアカネ	ギンヤンマ	イラガ	ミツバチ
	セミ		

紅葉

　秋になり、植物の葉が落葉する前に一斉に赤色に変わることを**紅葉**という。葉が黄色になることは**黄葉**、褐色に変わるのを**褐葉**というが、一般にこれらを合わせて紅葉という。紅葉する植物は、基本的には冬には葉を落とす落葉樹であり、代表的なものとして、イロハモミジ、ハウチワカエデ、ナナカマド（紅葉）、イチョウ、シラカンバ、ポプラ（黄葉）、ケヤキ、ブナ、カシワ（褐葉）などがある。紅葉の色が鮮やかに発現するためには、温度、水分、光などの環

82

境が重要で、昼夜の寒暖の差が大きいこと、適度の湿度があること、紫外線が強いことなどが必要とされている。葉に含まれるアントシアン、カロテノイド、タンニンなどの色素により、葉の色が変化すると考えられるが、詳しいメカニズムは不明な点も多い。

指導の概略　授業の流れ 　—全⑳時間—

（ア）動物の活動は暖かい季節と寒い季節で違う	（イ）植物の成長は暖かい季節と寒い季節で違う
・アリやカエルなど、身近で1年を通じて動物の活動を観察できる動物を選定する ・ツバメやツルなど、地域によっては渡り鳥を取り上げ、季節や温度とどのような関係にあるのかを調べさせる ・身近な動物は、寒い季節をどのように生活しているのかを調査する【観察】 ・卵、幼生（幼虫）、蛹、成体で冬眠など、動物のさまざまな冬越しのようすを調べる	・サクラやタンポポなど、身近で1年を通じて植物の成長を観察できる植物を選定する ・アサガオやヘチマなど、種子や苗から栽培したものを年間を通じて観察する ・植物は寒い季節になると、どのような変化が見られるのかを調査する【観察】 ・秋には紅葉がみられる植物を観察する

6. 雨水の行方と地面の様子

　雨水の行方と地面の様子について、流れ方やしみ込み方に着目して、それらと地面の傾きや土の粒の大きさとを関係付けて調べる活動を通して、次の事項を身に付けることができるよう指導する。
　ア　次のことを理解するとともに、観察、実験などに関する技能を身に付けること。
　　（ア）水は、高い場所から（　　　　　）場所へと流れて集まること。
　　（イ）水のしみ込み方は、土の粒の（　　　　　）によって違いがあること。
　イ　雨水の行方と地面の様子について追究する中で、既習の内容や生活経験を基に、雨水の流れ方やしみ込み方と地面の傾きや土の粒の大きさとの関係について、根拠のある予想や仮説を発想し、表現すること。

（低い）（大きさ）

解説 ― 指導の要点と基礎知識 ―

　雨が降った後、地面に注がれた雨水はどうなるのだろうか。少ない雨であれば地面に浸み込んでしまうが、多く降れば水たまりとなり、やがては川のように流れることもある。流れることには一定のきまりがあり、水は必ず高所から低所へと流れる。また、地面に雨水がしみ込む時も、固い土と柔らかい砂では浸み込む速さが異なり、土壌の粒子の大きさにも影響される。この単元では、実際に雨が降った後に、校庭や砂場で雨水がしみ込んだり流れたりする様子を観察したり、ペットボトルや塩ビパイプなどを利用して、モデル実験を行うことも大切である。

使用する教材

　プラスチックのコップ（ペットボトル）、ガーゼ、数種類の土、雨樋い

図 3-6-1　しみ込み実験の装置
粒の大きさの異なる校庭の土、砂場の砂、鹿沼土を用意し、水がしみ込む時間を調べる。

図 3-6-2　沈降実験器
パイプの中に様々な大きさの粒子が入っている。上下に振った後、沈降する粒の大きさを確認する。

＋α（プラスあるふぁ）

　土とは砂や粘土の総称であり、岩石が風雨によって浸食され小さい石や砂になったもの、また動植物などの有機物が腐敗してできた無機物を合わせて言う。その中で比較的大きな粒の土を礫（れき）や砂と言い、それよりも小さい土をシルト、粘土などと呼ぶことが多い。一般に、礫は 2mm 以上、砂のうち

0.2 〜 2mm 程度のものを粗砂、0.02 〜 0.2mm 程度のものを細砂と言い、礫や砂はバラバラで粘ったり固まったりはしない。0.002 〜 0.02mm 程度はシルト（微砂）と言い、粘らずに滑らかな粉状で、0.002mm 以下は湿ったときは粘るが、乾いたときは固くなる粘土である。

指導の概略　授業の流れ　　— 全⑥時間 —

（ア）水は高い所から低い所へ流れる	（イ）水のしみ込み方は、土の粒の大きさで異なる
・地面に降った雨がその後どうなるか、校庭で観察する　【観察】 ・水は高い所から低い所へ流れることを確認する	・土の粒の大きさによって、雨水のしみ込み方に違いがあるか調べる ・ペットボトルなどを利用してモデル実験を行う【実験】

7. 天気の様子

　天気や自然界の水の様子について、気温や水の行方に着目して、それらと天気の様子や水の状態変化とを関係付けて調べる活動を通して、次の事項を身に付けることができるよう指導する。

　ア　次のことを理解するとともに、観察、実験などに関する技能を身に付けること。

　（ア）天気によって1日の気温の変化の仕方に違いがあること。

　（イ）水は、水面や地面などから（　　　）し、水蒸気になって空気中に含まれていくこと。また、空気中の水蒸気は、（　　　）して再び水になって現れることがあること。

　イ　天気や自然界の水の様子について追究する中で、既習の内容や生活経験を基に、天気の様子や水の状態変化と気温や水の行方との関係について、根拠のある予想や仮説を発想し、表現すること。

（蒸発）（結露）

解説 ― 指導の要点と基礎知識 ―

　この単元では、温度計を用いて気温の測定をし、一日の気温の変化を調べる。晴れ、曇りなど天気の違いや、時刻の違いによって、気温はどのように変化するのかを測定する。この際、調べた気温は、3年の算数で棒グラフ、4年の算数で折れ線グラフを学んでいることから、グラフによる観測データの表現をさせたい。また、**百葉箱**が設置されている小学校では、棒温度計での測定とともに、自記温度計のデータの活用も図ると良い。百葉箱は、正確な気温を測定するために、熱を伝えにくい木材で作られ、日光を反射するように白く塗られており、風通しを良くするようよろい扉になっている。温度計は 1.2 〜 1.5m の高さになるようにし、扉の中に直射日光が差し込まないよう、芝生の上などに、正面が北向きに設置する。

　イの内容については、同じく4年で学ぶ「金属、水、空気と温度」の中で、水の状態変化と関わる部分も多く、関連させながら学習させると良い。水は液体では目に見えるが、気体の水蒸気になると見えなくなる。校庭の水たまりや葉についた朝露など、身近な例を挙げながら、水はどこへ消えたのか、また水はどこから現れたのかを、温度と関連づけて考えさせる。また、沸騰しているヤカンの口からは水蒸気が出ているが、これは目には見えない。水蒸気（気体）は、ヤカンの口から数センチ離れるとまわりの空気で冷やされ、白い**湯気**（液体）となり、見えるようになるのである。また、ここでは水が水蒸気になる場合にも、蒸発と沸騰の2種類があることを説明する。**蒸発**は水の表面だけで起こる気化現象であり、**沸騰**は水が液体表面ではなく、液体内部から気化している現象である。このように、夏にコップの飲み物に氷を入れるとコップのまわりに水滴がついたり、冬に暖房した室内の窓が結露したりすることを思い出させると良い。**結露**とは、窓ガラスなどの表面や壁体の内部に空気中の水蒸気が凝縮して水滴が凝結することである。これは、ある温度において、空気中に含むことのできる水蒸気の量が決まっているからで、空気 $1m^3$ 中に含むことのできる水蒸気の量を**飽和水蒸気量**（g/m^3）という。水蒸気を含む空気を冷却したとき、凝結が始まる温度を**露点**といい、大気中に含まれる水蒸気の割合を**湿度**という。湿度は次のような式で求めることができる。

$$湿度（\%）= \frac{空気\,1m^3に含まれている水蒸気の量（g）}{その温度での空気\,1m^3の飽和水蒸気量（g）}×100$$

使用する教材

棒温度計、百葉箱、自記温度計、ビーカー

図 3-7-1　百葉箱

百葉箱は 30 万円程もする高価なものなので、管理やメンテナンスをしっかりと行うことが大切である。未設置の小学校は、ぜひ設置するようにしたい。

図 3-7-2　自記温度計

中にあるドラムの回転速度の設定を変えることで、最大で約 1 ヶ月間自動に温度の記録ができる。

＋α（プラスあるふぁ）

　地表の空気が太陽で暖められ、空気のかたまりが上昇すると、上空に行くほど気圧が低いため、膨張し温度が下がる。露点に達すると、水蒸気は空気中の小さな塵を凝結核として、雲粒と言われる小さい水滴や氷の粒になる。これが雲である。

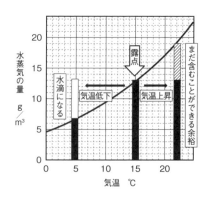

図 3-7-3　気温と飽和水蒸気量

気温 15℃の時、空気 1m³中に含むことのできる水蒸気の量は 12.8g である。この限界の水蒸気量を飽和水蒸気量といい、このとき露ができるので、この温度を露点という。

気温が低下し 5℃になると、5℃の飽和水蒸気量は 6.8g なので、12.8 − 6.8＝6.0g が水滴となる。逆に、気温が上がり 22℃になると、22℃の飽和水蒸気量は 19.4g なので 19.4 − 12.8＝6.6g だけ、まだ水蒸気を含むことのできる余裕があることになる。

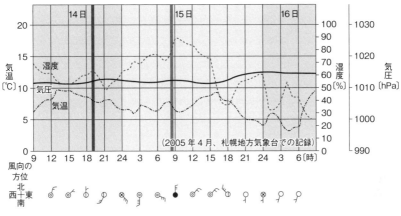

図 3-7-4　気温、湿度、気圧の変化

教育出版：中学校理科教科書「自然の探究 2」（2012）　p.197 より。
札幌地方気象台で、2005 年 4 月 14 日 19 時に温暖前線が、15 日 9 時に寒冷前線が
通過したときの気温、湿度、気圧の変化のようす。

指導の概略　授業の流れ　―全⑫時間―

（ア）天気によって一日の気温の変化に違いがある	（イ）水は地面などから蒸発し、水蒸気となる。水蒸気は結露して再び水となる
・晴れの日と雨の日の気温の違いについて考える ・百葉箱、自記温度計の利用法 ・晴れの日、曇りの日、雨の日などで、一日の気温を測定する【実験】 ・測定したデータをグラフ化し、天気の違いと気温の関係や、一日の気温の変化についてまとめる	・水は熱さなくても蒸発する ・蒸発した水の行方を確かめる【実験】 ・空気中の水蒸気を冷やして水を取り出す【実験】 ・身近な結露の現象について学ぶ

8. 月 と 星

> 月や星の特徴について、位置の変化や時間の経過に着目して、それらを関係付けて調べる活動を通して、次の事項を身に付けることができるよう指導する。
>
> ア　次のことを理解するとともに、観察、実験などに関する技能を身に付けること。
>
> （ア）月は日によって形が変わって見え、1日のうちでも（　　　　）によって位置が変わること。
>
> （イ）空には、明るさや（　　　　）の違う星があること。
>
> （ウ）星の集まりは、1日のうちでも時刻によって、並び方は変わらないが、（　　　　）が変わること。
>
> イ　月や星の特徴について追究する中で、既習の内容や生活経験を基に、月や星の位置の変化と時間の経過との関係について、根拠のある予想や仮説を発想し、表現すること。

（時刻）（色）（位置）

解説 ― 指導の要点と基礎知識 ―

　月は地球の周りを公転している衛星で、太陽の光を反射して輝いて見える。地球から見える月は日によって形が変わり、一日の動きでは東の地平線から上り、南の空を通り、西の地平線に沈んでいくように見える。月の形は、右側から光る部分が増していき、新月 → 上弦の月 → 満月 → 下弦の月 → 新月と変化し、約1ヶ月（29.5日）かけて満ち欠けが一巡する。月は昼間の授業時間内に見えることもあるが、観察は夜間が中心となるので、家庭の協力を得ながら、家の近くの建物などを目印にし、東西南北の方位を確認しつつ、安全面に注意して観察させる。月の自転周期は27.3日で、地球の周りを回る公転周期と完全に同期しているので、地球上から月の裏側を直接観測することはできない（地球の公転のため、月の満ち欠けの周期は29.5日で、差が2.2日ある）。

　都市部では夜空が明るく、多くの星を観察することはできないが、それでも

いくつかの星は肉眼で観察できる。夏の空では天の川、夏の大三角形、さそり座、北斗七星、カシオペヤ座など、冬の空では冬の大三角形、オリオン座などを中心に星座盤などを利用して観察すると良い。肉眼でも、星の色の違いを見極めることは可能である。夏の空ではちょうど七夕の頃、天頂付近で、夏の大三角形のデネブ（白鳥座）、ベガ（こと座）、アルタイル（わし座）が確認できるが、七夕のおり姫星はベガ、ひこ星はアルタイルで、ベガは青白く見える。

　冬の大三角形は、ベテルギウス（オリオン座）、プロキオン（小犬座）、シリウス（大犬座）であるが、ベテルギウスは赤く光る。星の表面温度が低いと波長の長い赤色が際立って赤く見え、温度が高いと波長の短い青色になる。太陽は黄色で表面温度は約6000℃である。星の明るさは、等級で表わし、級が一つ減ると2.5倍明るくなる。つまり、1等星は6等星の100倍の明るさになる。1等星は全部で21個あり、シリウスは星座を形づくる星の中では一番明るい1等星である。

　次に、月の一日の動きと同様に、星の動きについても学ぶ。ここでは、天球という考え方を利用すると良い。太陽や星座の星は、実際にはそれぞれが地球からはるか遠くにあるため、お互いの距離は感じにくい。そのため、太陽や星は大きな丸天井（プラネタリウムの天井）に張りついているように見える。これを天球とよぶ。天球上に張りついた太陽や星が、北極星に向かって伸びている地軸を中心として、東から西へ一日に1回転していると考える。これを星の日周運動という。星の日周運動では、方角によって星の動きが異なる。これは一つの星ではなく、星座としてとらえると位置の変化がわかりやすい。例えば、オリオン座は、太陽や月と同じように、東から出て → 南 → 西へ沈むように見える。北の空では北極星を中心に反時計回りに移動して見える。星座は地球のまわりを24時間で1周するので、1時間では $360 \div 24 = 15$、すなわち15°移動して見える。

　また、オリオン座や北斗七星を秋から冬にかけて毎日同じ時間に観察すると、東から西へ少しずつ移動し、1年経つと元の位置に戻る。これを星の年周運動という。天球は360°なので、1か月で約30°、一日で約1°移動することになり、時間では、1日に4分ずつ、1カ月では2時間早く現れる。

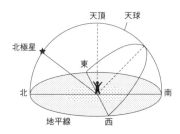

図 3-8-1　天球
中央に立つ人から見ると、天球は一日に 1 回転するように見える。真上は天頂であるが、天球は北極星の方角を軸として、23.4°傾いて回転している。

図 3-8-2　雪原を照らす満月
夕方、十勝岳、富良野岳連山のある東の空から昇り、富良野の雪原を映し出す満月。
（2012 年 11 月 28 日 17 時撮影）

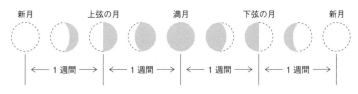

図 3-8-3　月の満ち欠け
月は太陽の光を反射して光って見える。そのため、太陽に向いた昼の半球の部分は輝き、太陽と反対側の夜の半球の部分は暗い。それを地球から見ると、日によって月が満ち欠けして見える。三日月は夕方に西の空に見え、すぐに沈む。満月は夕方東の空に昇り、一晩かけ西の空に移動し、明け方に西に沈む。約 1 ヶ月（29.5 日）で一巡する。

使用する教材

　方位磁針、星座早見盤、視聴覚教材（月の動き、月の形、星座の動きなど）

図 3-8-4　星座早見盤
2 枚の円板を組み合わせて作られ、下板には星や星座の名前と円板のまわりにそって月日が記されている。

＋α（プラスあるふぁ）

　夜空を彩る星は太古の昔から人々の関心を集め、農業などで種まきをする時期を知る手段としても利用されてきた。これらの星の集まりを動物や神話に出てくる人物などに見立てて名前を付けたものが**星座**である。空全体には88個の星座があるが、日本では76個の星座を観測することができる。なかでも北の空の星座の多くは、1年中観測できるので、夜空を観察するときには、まず**北極星**を探すと良い。北極星はこぐま座の星のひとつで、ほぼ北の空にあって動かない2等星である。北極星を見つけるには、ひしゃくの形に並んだ北斗七星のひしゃくの先の2つの星を結び、その間隔をひしゃくの口の方向へ5倍伸ばせば良い。または、北斗七星と反対側にあるW字の形をしたカシオペヤ座を見つけ、W字の形の2辺を伸ばし、その交わったところと真ん中の星を結び、その間隔を5倍伸ばしても良い。

表3-8-1　星の色と表面温度の関係

星の色	青色	白色	黄色	橙色	赤色
表面温度	11000℃	8000℃	5000℃	4000℃	3000℃
代表的な星	リゲル スピカ	ベガ デネブ シリウス アルタイル	プロキオン カペラ	アルデバラン アークトゥルス	ベテルギウス アンタレス

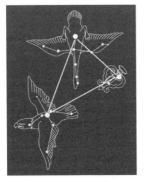

図3-8-5　夏の大三角形
夏の大三角形は、デネブ（白鳥座）、ベガ（こと座）、アルタイル（わし座）からなる。

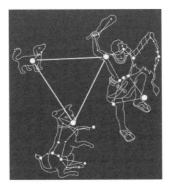

図3-8-6　冬の大三角形
冬の大三角形は、ベテルギウス（オリオン座）、プロキオン（小犬座）、シリウス（大犬座）からなる。

図3-8-7　星の日周運動（オリオン座）
北半球で冬の星座としてお馴染みのオリオン座
も、一晩の中で時間によってア～オのように見
える位置が変化する。

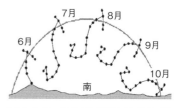

図3-8-8　星の年周運動（さそり座）
夏の星座であるさそり座をひと月ごと
に、毎月20時に観察すると、位置が変
化していることがわかる。

指導の概略　授業の流れ　　―全⑭時間―

（ア）月は日によって形が違い、時刻によって位置が変わる	（イ）明るさや色の違う星がある
・月の形の変化について調べる ・時刻とともに月の位置が変わることを観察する【観察】 ・月は、東 → 南 → 西を移動することを確かめる	・夏の空で七夕の星などを観察する ・星の明るさに違いがあることを観察する ・こと座のベガ、さそり座のアンタレスなどで星の色の違いを観察する【観察】 ・冬の空で星を観察する ・冬の星座でも、明るさや色の違う星があることを知る
（ウ）星座の星は、並び方は変わらず、時刻によって位置が変わる	
・星座盤の使い方 ・オリオン座の並び方や位置の変化を観察する【観察】 ・星座は、東 → 南 → 西を移動することを確かめる	

9. 第 4 学年基礎知識の確認問題

CHECK TEST　　　　　　　　　　　（解答は 171 ページ）

空気と水の性質

□① 閉じ込めた空気を圧すと、体積はどうなるか。　　　＿＿＿＿＿＿

□② 閉じ込めた水を圧すと、体積はどうなるか。　　　　＿＿＿＿＿＿

□③ 1㎡あたりの面を圧す力を何というか。　　　　　　＿＿＿＿＿＿

□④ 圧力（N/㎡）とは、面を垂直に圧す力（N）を、何
　　で割ったものか。　　　　　　　　　　　　　　　＿＿＿＿＿＿

□⑤ 1N/㎡は、何 Pa（パスカル）か。　　　　　　　　＿＿＿＿＿＿

□⑥ 空気（大気）が物体に及ぼす圧力を何というか。　＿＿＿＿＿＿

□⑦ 1 気圧は、何 hPa か。　　　　　　　　　　　　　＿＿＿＿＿＿

金属、水、空気と温度

□① 金属、水、空気は温めると体積はどうなるか。　　＿＿＿＿＿＿

□② 金属、水、空気は冷やすと体積はどうなるか。　　＿＿＿＿＿＿

□③ 金属を温めると、熱はどのように伝わるか。　　　＿＿＿＿＿＿

□④ 水や空気を温めると、熱はどのように伝わるか。　＿＿＿＿＿＿

□⑤ 温度変化によって物質の状態が変わることを何とい
　　うか。　　　　　　　　　　　　　　　　　　　　＿＿＿＿＿＿

□⑥ 固体が液体になる状態変化を何というか。　　　　＿＿＿＿＿＿

□⑦ 液体が固体になる状態変化を何というか。　　　　＿＿＿＿＿＿

□⑧ 固体から液体の状態を経ずに、気体になることを何
　　というか。　　　　　　　　　　　　　　　　　　＿＿＿＿＿＿

□⑨ 物質の状態が変化するとき、質量はどうなるか。　＿＿＿＿＿＿

□⑩ ロウが液体から固体に状態変化するとき、体積はど
　　うなるか。　　　　　　　　　　　　　　　　　　＿＿＿＿＿＿

□⑪ 水が氷になると、体積は何倍になるか。　　　　　＿＿＿＿＿＿

□⑫ ガスバーナーの上下2つのネジで、下のネジは何を
調節するネジか。 _____

□⑬ ガスバーナーでネジを開くとき、ネジは時計回りと
反時計回りのどちらに回すか。 _____

□⑭ アルコールランプの芯は、どれくらいの長さが出て
いると良いか。 _____

電流の働き

□① 電流の通り道が1本になっている回路を何というか。 _____

□② 電流の通り道が2本以上に枝分かれしている回路を
何というか。 _____

□③ 家庭用のコンセントは全て何つなぎになっているか。 _____

□④ 回路の途中に電球やモーターなどを入れないと、強
い電流が流れ危険であるが、これを何回路というか。 _____

□⑤ 乾電池の極を逆にすると、モーターの回る向きはど
うなるか。 _____

□⑥ 検流計で電流の向きを調べるとき、針の指す向きは
電流の流れる向きとどうか。 _____

□⑦ 直列回路の各点を流れる電流の強さは、回路の各点
ではどうなるか。 _____

□⑧ 並列回路の全体を流れる電流の強さは、回路の全体
ではどうなるか。 _____

□⑨ 直列回路の全体に加わる電圧の大きさは、回路の全
体ではどうなるか。 _____

□⑩ 並列回路の各区間に加わる電圧の大きさは、回路の
各区間ではどうなるか。 _____

人の体のつくりと運動

□① 骨や筋肉などの動物が活動するための器官を何とい
　　うか。　　　　　　　　　　　　　　　　　　　＿＿＿＿＿＿

□② 骨格の働きは3つあるが、①体を動かす、②体を支
　　えるともう一つは何か。　　　　　　　　　　　　＿＿＿＿＿＿

□③ 筋肉の働きは2つあるが、骨格を動かすことと、も
　　う一つは何か。　　　　　　　　　　　　　　　　＿＿＿＿＿＿

□④ 心筋のように、意志と無関係に動く筋肉を何という
　　か。　　　　　　　　　　　　　　　　　　　　　＿＿＿＿＿＿

□⑤ 体の各部にある曲がるところで、骨と筋肉は腱でつ
　　ながっているがこの部分を何というか。　　　　　＿＿＿＿＿＿

□⑥ 腕を曲げたとき、内側と外側の筋肉はどうなるか。　＿＿＿＿＿＿

季節と生物

□① 春の植物にはどのようなものがあるか、3つあげよ。　＿＿＿＿＿＿

□② 夏の植物にはどのようなものがあるか、3つあげよ。　＿＿＿＿＿＿

□③ 秋の植物にはどのようなものがあるか、3つあげよ。　＿＿＿＿＿＿

□④ 冬の植物にはどのようなものがあるか、2つあげよ。　＿＿＿＿＿＿

□⑤ 春の動物にはどのようなものがあるか、3つあげよ。　＿＿＿＿＿＿

□⑥ 夏の動物にはどのようなものがあるか、3つあげよ。　＿＿＿＿＿＿

□⑦ 秋の動物にはどのようなものがあるか、3つあげよ。　＿＿＿＿＿＿

□⑧ 冬の動物にはどのようなものがあるか、2つあげよ。　＿＿＿＿＿＿

雨水の行方と地面の様子

□① 雨水は、地面の高い所からどこへ流れていくか。　　＿＿＿＿＿＿

□② 土の粒の大小で、水が早くしみ込むのはどちらか。　＿＿＿＿＿＿

96

天気の様子

□① 気温を測定するために設置される、白い木材でつく
られた箱を何というか。　　　　　　　　　　　　　　_____

□② 空気中の水蒸気が凝結して、窓ガラスなどに付着す
ることを何というか。　　　　　　　　　　　　　　_____

□③ 空気中の水蒸気が凝結する温度を何というか。_____

□④ 空気1m³中に含むことのできる水蒸気の最大の量を何
というか。　　　　　　　　　　　　　　　　　　_____

□⑤ その空気に含まれる水蒸気量が、その時の気温で飽
和水蒸気量に対してどれくらいの割合かを百分率で
表わしたものを何というか。　　　　　　　　　　_____

□⑥ 空気の温度が露点以下になり、空気中の水蒸気が凝
結して、植物の葉などについたものを何というか。_____

□⑦ ヤカンから出ている湯気は、液体か気体か。_____

□⑧ 雲をつくる氷の粒が水滴となって、空から落ちてき
たものを何というか。　　　　　　　　　　　　　_____

月と星

□① 北の空にあり、全ての星座の回転の中心にある星を
何というか。　　　　　　　　　　　　　　　　　_____

□② 星は1日に北極星の周りを1回転するが、1時間では
何°の速さで回転しているか。　　　　　　　　　　_____

□③ 夏の大三角形の星を3つあげよ。_____

□④ 冬の大三角形の星を3つあげよ。_____

第4章

第5学年の内容と演習

第5学年の目標及び内容

（1）　物質・エネルギー

①物の溶け方、振り子の運動、電流がつくる磁力についての理解を図り、観察、実験などに関する基本的な技能を身に付けるようにする。

②物の溶け方、振り子の運動、電流がつくる磁力について追究する中で、主に予想や仮説を基に、解決の方法を発想する力を養う。

③物の溶け方、振り子の運動、電流がつくる磁力について追究する中で、主体的に問題解決しようとする態度を養う。

（2）　生命・地球

①生命の連続性、流れる水の働き、気象現象の規則性についての理解を図り、観察、実験などに関する基本的な技能を身に付けるようにする。

②生命の連続性、流れる水の働き、気象現象の規則性について追究する中で、主に予想や仮説を基に、解決の方法を発想する力を養う。

③生命の連続性、流れる水の働き、気象現象の規則性について追究する中で、生命を尊重する態度や主体的に問題解決しようとする態度を養う。

　第5学年の目標は、自然の事物・現象について、理科の見方・考え方を働かせ、問題を追究する活動を通して、物の溶け方、振り子の運動、電流がつくる磁力、生命の連続性、流れる水の働き、気象現象の規則性についての理解を図り、観察、実験などに関する基本的な技能を身に付けるようにするとともに、問題解決の力や生命を尊重する態度、主体的に問題解決しようとする態度を養うことである。

特に、本学年では、学習の過程において、自然の事物・現象から見いだした問題についての予想や仮説を基に、解決の方法を発想するといった問題解決の力を育成することに重点が置かれている。

A区分（物質・エネルギー）

> 1. 物の溶け方
> 2. 振り子の運動
> 3. 電流がつくる磁力

B区分（生命・地球）

> 4. 植物の発芽、成長、結実
> 5. 動物の誕生
> 6. 流れる水の働きと土地の変化
> 7. 天気の変化

1. 物の溶け方

> 　物の溶け方について、溶ける量や様子に着目して、水の温度や量などの条件を制御しながら調べる活動を通して、次の事項を身に付けることができるよう指導する。
> 　ア　次のことを理解するとともに、観察、実験などに関する技能を身に付けること。
> 　　（ア）物が水に溶けても、水と物とを合わせた（　　　　）は変わらないこと。
> 　　（イ）物が水に溶ける量には、（　　　　）があること。
> 　　（ウ）物が水に溶ける量は水の（　　　　）や（　　　　）、（　　　　）によって違うこと。また、この性質を利用して、溶けている物を取り出すことができること。
> 　イ　物の溶け方について追究する中で、物の溶け方の規則性についての予想や仮説を基に、解決の方法を発想し、表現すること。

（重さ）（限度）（温度）（量）（溶ける物）

　「とける」という言葉は、「溶ける」、「融ける」、「解ける」、「説ける」など何通りか漢字で書ける。この単元では、理科における「溶ける」の内容を扱う。これは溶解（Dissolution）を意味し、溶質（食塩）を溶媒（水）に入れると溶液（食塩水）ができる現象であり、食塩が水に溶けることである。一方、「融ける」は、融解（Melting）を意味し、温度の上昇によって、固体が液体になる現象であり、氷が融けて水になるのはこのことである。この点をきちんと区別して指導する必要がある。ある物質が水に溶けると水溶液になるが、水溶液には、（有色）透明でどの部分も濃さが同じという性質がある。まず、食塩や茶色のコーヒーシュガーなど、さまざまな物質を水に溶かしてその様子を観察する。ここでは、1m程度の長さの透明なパイプの中に水を満たし、上から食塩の粒などを落とし、拡散していくようすをシュリーレン現象として観察させると良い。食塩がモヤモヤと溶けながら、下に落ちるまでにすべて溶けてしまうようすがダイナミックにわかる。一方、物が水に溶ける量には限度があることは、児童も紅茶に砂糖を入れ過ぎると底にたまることなどで経験している。溶媒に溶けることのできる溶質の量は物質によって決まっており、ある温度で100gの水に溶ける溶質の量（g）を溶解度という。砂糖は0℃で179g、80℃で362g溶けるが、食塩は0℃で35.5g、80℃で38.0gとほとんど変わらない。ある温度の溶媒に、溶かすことのできる限度まで溶質を溶かし込んだ状態の水溶液を飽和水溶液という。

　この単元ではさらに、水に溶けた物質を取り出す方法についても学習する。ここでは食塩水、ホウ酸水溶液、ミョウバン水溶液などを使って、蒸発乾固や再結晶を行う。蒸発乾固は、溶媒と溶質の沸点の差を利用し、水溶液を加熱し、溶媒である水を全て蒸発させ溶質を取り出す操作で、塩田などでは、海水を加熱し、水分を蒸発させ食塩を精製している。高い温度では溶解度が大きく、低い温度では溶解度の小さい物質は、濃い水溶液を作り、それを徐々に冷やすと、溶けきれなくなった物質が再び固体の結晶となってあらわれてくる。このように、水に溶かした物質を再び結晶として析出させることを再結晶という。これは溶解度の差を利用した分離法である。例えばこれを利用して、巨大な結

晶作りをすることができる。カリミョウバン 100g を水 300mL に入れ加熱し溶かし、放冷すると底に結晶ができる。この結晶で形の良いものを種結晶とし、釣り糸に瞬間接着剤で付けて、40℃程度のミョウバンの飽和水溶液中に吊るす。温度変化の影響を少なくするため、発泡ポリスチレンの容器に入れゆっくり冷却すると、2日ほどで数センチ角の大きな正八面体の結晶が得られる。

　ここでは、液体の体積を測定するのにメスシリンダーを使用する。適した容量のメスシリンダーを用意し水平な台の上に置き、測定したい液体を静かに注ぎ入れ、目盛りを読み取る。このとき、液面は凹型の**メニスカス**（メスシリンダーの壁面と液体との表面張力の相互作用によって形成される液面の屈曲）ができる。目の位置を液面と同じ高さにし、水平な液面の高さを最小目盛りの10分の1まで目分量で読み取る。

図 4-1-1　メスシリンダー

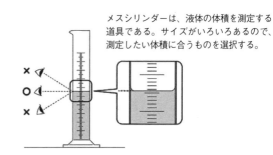

メスシリンダーは、液体の体積を測定する道具である。サイズがいろいろあるので、測定したい体積に合うものを選択する。

図 4-1-2　メスシリンダーの使い方

使用する教材

　透明パイプ、溶かすもの（食塩、コーヒーシュガーなど）、ろ過装置（ろうと、ろうと台、ろ紙、ガラス棒など）、ビーカー、メスシリンダー、アルコールランプ、電子天秤

図4-1-3　コーヒーシュガー
食塩や砂糖と違い、コーヒーシュガーは色がついているので、シュリーレン現象が観察しやすい。着色したキャンディーなども利用できる。

図4-1-4　蒸発皿
水溶液をゆるやかに加熱し、結晶が析出するようすを観察するのに用いる。

図4-1-5　ろ過の装置
ろ紙、ろうと、ろうと台、ビーカー、ガラス棒を用意する。ろうと台は、スタンドなどで代用できる。

＋α（プラスあるふぁ）

　身の回りの物体はすべて物質からできており、物質は、**純物質**と**混合物**に分けられる。純物質とは1種類だけからできている物質で、沸点、融点、密度が一定である。一方、混合物は、食塩水や空気のように、2種類以上からなる物質である。純物質は、さらに**単体**と**化合物**に分けられる。単体は、H_2、O_2、F、Sのように、1種類の元素からできている物質であり、化合物は NaCl（食塩）や H_2O（水）のように、2種類以上の元素からできている物質である。

図4-1-6　ろ過の方法
ろうとのあしはビーカーの壁につけ、ろ過する液体はガラス棒を伝わらせて静かに注ぐ。

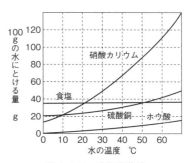

図4-1-7　溶解度曲線
温度変化による溶解度の変化が大きい物質ほど溶解度曲線の傾きは大きくなり、そのような物質ほど濃い水溶液を冷やすと結晶が析出するようすを観察しやすい。食塩は温度変化が極めて小さい。

混合物から純物質を分離するには、上記の蒸発乾固、再結晶の他に、ろ過、蒸留、昇華などがある。**ろ過**は液体の中に固体の粒子が混合している場合に、泥水から泥を取り除くようにろ紙などを使って固体をこし分ける方法である。**蒸留**は、不揮発性の物質が溶けている溶液を沸騰させ、生じた蒸気を冷却して液体として分離する方法で、水とエタノールの混合物から、エタノールを取り出す場合がそうである。**昇華**は、ヨウ素のような昇華しやすい物質を含む固体を過熱し、昇華して生じた気体を冷却して再び固体として分離する方法である。

指導の概略　授業の流れ　―全⑬時間―

（ア）物が水に溶けても重さは変わらない	（イ）物が水に溶ける量には限度がある
・電子天秤、上皿天秤の使い方 ・食塩を水に溶かし、その前後での重さを測定する	・物が溶ける様子を観察する ・一定量の水に溶ける食塩や砂糖の量を調べる【実験】 ・物が水に溶ける量には、限度があることを確かめる ・メスシリンダーの使い方を知る
（ウ）物が水に溶ける量は、温度、物の種類などが関係する。水に溶けている物を取り出すことができる。	
・溶け残ったものをさらに溶かす方法を考える ・水溶液を温めたり、冷やしたりして、溶けているものを取り出す【実験】 ・蒸発乾固、ろ過、再結晶の方法について学ぶ	

2. 振り子の運動

　振り子の運動の規則性について、振り子が1往復する時間に着目して、おもりの重さや振り子の長さなどの条件を制御しながら調べる活動を通して、次の事項を身に付けることができるよう指導する。

　ア　次のことを理解するとともに、観察、実験などに関する技能を身に付けること。

　（ア）振り子が1往復する時間は、おもりの（　　　　　）などによっては変わらないが、振り子の（　　　　　）によって変わること。

イ　振り子の運動の規則性について追究する中で、振り子が1往復する時間に関係する条件についての予想や仮説を基に、解決の方法を発想し、表現すること。

（重さ）（長さ）

解説 ― 指導の要点と基礎知識 ―

　この単元では、振り子が1往復する時間は何によって決まるのかを実験によって確かめる。方法としては、おもりの重さ、振り子の糸の長さ、振れ幅（振幅）の3条件を変えて、振り子が1往復にかかる時間である周期が何によるのか、その規則性を探るものである。この振り子の等時性と呼ばれる法則は、1583年にガリレオがピサの大聖堂のランプの揺れを見て、当時はまだ時計がなかったが、自分の脈拍を頼りにその規則を発見したと言われている。振り子の等時性は、以下の式で表わされる。

$$T = 2\pi\sqrt{\frac{l}{g}}$$

　この式において、T：周期、l：振り子の糸の長さ、g：重力加速度、π：円周率であり、2π、gは定数なので、Tはlだけで決まることがわかる。つまり、糸の長さだけが要因で、周期は$\sqrt{l}$に比例し、糸の長さを2倍、3倍にすると、周期は$\sqrt{2}$倍、$\sqrt{3}$倍となり、おもりの重さや振れ幅は無関係である。ここでは、同じ規格の分銅、同じ大きさで材質の異なる鉄球・銅球・ガラス球・プラスチック球・木球、あるいはフィルムケースやペットボトルに砂などを詰めたおもりなどを糸に吊るし、ストップウォッチやメトロノームなどを利用して、単位時間内の往復回数を数回にわたって調査し、平均を出すようにする。5年の問題解決能力の観点は「条件制御」であり、おもりの重さ、糸の長さ、振れ幅のうち、2つの条件を同じにして、残りの一つの条件を変化させて実験を行う。

　ここで注意すべきことは、小学校で用いている「振れ幅（振幅）」という言

葉である。本来、振動の幅の半分を振幅といい、振り上げたおもりが鉛直下方となす初期角度 θ を指す。しかし、小学校の教科書では、2θ を振れ幅としていることが多い。いずれも振り子の周期には関係しないのでかまわないことではあるが、この振れ幅を大きくすると振り子の等時性は少し長くなることが知られている。しかし、初期角度（θ）が90°の場合（水平から手を放した場合）でも、5°のときより約18％長くなるだけで、特に初期角度が60°以内であれば、10往復の累積周期の差でも1秒以内であるとされ、60°以内の数点の角度を選んで実験させれば、この点については特に問題視する必要はない（木村ら、2006）。

使用する教材

スタンド、釣り糸、おもり（鉄球、フィルムケース、砂など）、ストップウォッチ、メトロノーム

図4-2-1　おもり
振り子のおもりは、身近なものを利用しても良いが、写真ようなフック付きの素材の異なるものが市販されている。

図4-2-2　ストップウォッチ
ストップウォッチは、時間の計測には大変便利なので、使い方をきちんと教え、正確に測定させる。

＋α（プラスあるふぁ）

高い場所にある物体は、低い場所にある物体より他の物体に仕事をすることができ、このときその物体は位置エネルギーを持っているという。また、運動している物体が他の物体に衝突すると他の物体を動かすように、運動している物体が他の物体に仕事をする能力を運動エネルギーという。振り子運動は、位

置エネルギーと運動エネルギーが相互に移り変わりながら、全体の力学的なエネルギーは常に一定に保たれている。これを力学的エネルギー保存の法則という。

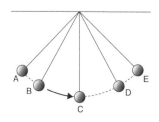

図4-2-3　振り子の運動
位置エネルギーはAとEで最大、運動エネルギーはCで最大である。

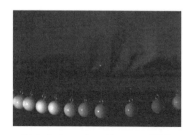

図4-2-4　ストロボスコープ写真
ストロボスコープという装置を用いると、振り子運動もスローモーション画像のように撮影することができる。

指導の概略　授業の流れ　—全⑦時間—

（ア）振り子のおもりが1往復する時間は、糸の長さによって決まる
・振り子の装置を作成する ・ストップウォッチの使い方 ・条件を変えて、振り子の1往復の時間は何によって決まるかを調べる ・おもりの重さを変える【実験】 ・振れ幅を変える【実験】 ・糸の長さを変える【実験】 ・振り子の1往復する時間を3つの条件と関連づけて考察する ・振り子を利用したおもちゃを作る

3. 電流がつくる磁力

電流がつくる磁力について、電流の大きさや向き、コイルの巻数などに着目して、それらの条件を制御しながら調べる活動を通して、次の事項を身に付けることができるよう指導する。

ア　次のことを理解するとともに、観察、実験などに関する技能を身に付けること。

(ア) 電流の流れているコイルは、鉄心を（　　　　）する働きがあり、電流の向きが変わると、電磁石の（　　　　）も変わること。

(イ) 電磁石の強さは、電流の（　　　　）や導線の（　　　　）によって変わること。

イ　電流がつくる磁力について追究する中で、電流がつくる磁力の強さに関係する条件についての予想や仮説を基に、解決の方法を発想し、表現すること。

（磁化）（極）（強さ）（巻数）

解説 ― 指導の要点と基礎知識 ―

銅線を巻いてコイルを作り電流を流すと、コイルのまわりには磁界ができる。このコイルに鉄心を入れ、電流を流すと**電磁石**になり、鉄心が磁石の働きをするようになる。永久磁石と同じような働きをするのかどうか、方位磁針などを使い調べさせる。まず、生徒自身にコイル作りを行わせる。ここで銅線を何に巻きつけるかであるが、5cm程度のボルトにストローを通しストローに巻いたり、あるいはミシンの糸巻き用のプラスチックボビンなどを利用すると良い。コイルの巻き数、流す電流の強さ、鉄心の種類や太さなどの条件を変えて、電磁石が持ち上げることのできるクリップの数を比較し、電磁石の強さを決める要因を追究する。また、クリップではなく、3mm程度の鉄球を持ち上げても面白い。鉄球はさまざまなサイズのものがホームセンターや模型店などで入手できる。このとき、より客観的で定量的なデータを得るために、電流計を使用すると良い。電流計は、検流計よりも強い電流を測定することができる。電流計

は、電磁石の回路で、測定したい部分に直列になるように、また赤い端子が電源の＋極側になるように接続する。－端子は5A→500mA→50mAのように、大きい電流のものから順次つなぎ替えていき、読みやすい端子で目盛りを読み取る。鉄心には、鉄、銅、プラスチック、ガラスなど異なる材質で試させるが、電磁石として作用させるためには、**軟鉄**を使用する。**鋼鉄**を使用すると、電源を切っても磁石のままになってしまう。炭素含有量が0.08～2.0％程度の鉄は鋼鉄と呼ばれ、それ以下の場合は軟鉄という。市販の釘などは鋼鉄が多いが、その場合はガスバーナーなどで加熱し、ゆっくり冷ますと軟鉄になる。磁石を加熱すると消磁され磁力を失うが、このときの温度をキュリー温度という。ものづくりとしては、電磁石を利用した釣竿による釣り遊び、クレーン車、クリップモーター作りなどをすると良い。

使用する教材

　コイル（導線を巻き作る）、鉄芯（軟鉄、鋼鉄など）、乾電池、電源装置、クリップ、電流計

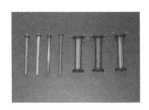

図4-3-1　コイル
コイルは児童に自作させるのが基本であるが、図のように巻き数を変えた市販の教材もある。コイルの中に入れる芯も、鉄、銅、ガラス、アルミニウムなどがあり、演示実験として見せても良い。

図4-3-2　電磁石
電磁石を作り、クリップなどを持ち上げて、その個数を調べさせるが、クリップの形状では、接している場所により個数に変動が出る。鉄球であれば、そのようなことは少ない。

図4-3-3　ボビン
コイルの製作は、ストローなどを使うことが多いが、きちんと巻くことは児童にとってなかなか難しい。ミシンのプラスチックボビンを使用すると、児童でも簡単に巻くことができる。

 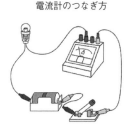 

電流計のつなぎ方　　　電圧計のつなぎ方

図4-3-4　電流計（左）と電圧計（右）

電流計は、回路のはかろうとする部分に直列に接続する。一方、電圧計は、回路のはかろうとする部分に並列に接続する。いずれも＋端子に電池の＋極から導線をつないでいく。電流計には5A、500mA、50mAの3つの－端子と1つの＋端子が、電圧計には300V、15V、3Vの3つの－端子と1つの＋端子があり、いずれも大きい値の－端子から順次、小さい端子につなぎ替えていき、読みやすい端子で値を見る。

①導線のまわりの磁界

　導線に電流を流すと、導線のまわりに同心円状に磁界ができる。この時、右ねじの進む向きに電流を流すと、ねじを回す向きに磁界ができる。これを右ねじの法則という。

②コイルのまわりの磁界

　コイルに電流を流すと、図4-3-6のような磁界ができる。この時、コイルの内側の磁界の向きは、右手の4本の指先を電流の向きに合わせた時の親指の向きになっている。これを右手の法則という。

③電流が磁界から受ける力

一般に、磁界の中に置いた導線に電流を流すと、電流に力が働き導線が動く。この時、左手の親指、人差し指、中指を互いに直角にし、中指を電流の向き、人差し指を磁界の向きに合わせると、親指のさす向きが電流が磁界から受ける力の向きになる。これをフレミングの左手の法則という。また、電流の向き、磁界の向きを逆にすると、力の向きは逆になり、電流や磁界を強くすると、力は大きくなる。

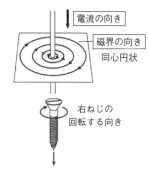

図 4-3-5　右ねじの法則
まっすぐな導線に電流を流すと、導線のまわりには電流の流れる方向に対して、右ねじを回す（ねじを締める）向きに同心円状に磁界ができる。

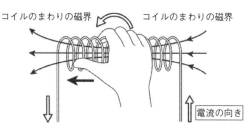

図 4-3-6　右手の法則
コイルに電流を流すと、コイルのまわりに磁界が生じる。その時、磁界は電流の流れる方向に沿ってコイルを右手でつかんだ時の親指の指す方向にできる。

図 4-3-7　電流が磁界から受ける力
通称：電気ブランコ。電流の流れているコイルが磁石の磁界からの力を受け左右のどちらかに振れる。これはフレミングの左手の法則で説明できる。

指導の概略　授業の流れ　　―全⑭時間―

（ア）コイルに鉄心を入れ電流を流すと電磁石になり、電流の向きを変えると極も変わる	（イ）電磁石の強さは、電流の大きさや導線の巻き数によって変わる
・導線を巻き、コイルを作る ・コイルに鉄心を入れ、電流を流し、電磁石ができたか確かめる【実験】 ・磁石と同じような働きがあるか確かめる ・乾電池のつなぎ方を逆にして、電磁石の極が変わることを調べる	・電磁石を強くする方法を考える ・電流計の使い方 ・クリップや小さい鉄球を持ち上げる個数で電磁石の強さを比較する【実験】 ・乾電池の数を増やす ・コイルの巻き数を増やす ・電磁石の強さを大きくする条件についてまとめる ・電磁石を利用したおもちゃを作る

4．植物の発芽、成長、結実

> 植物の育ち方について、発芽、成長及び結実の様子に着目して、それらに関わる条件を制御しながら調べる活動を通して、次の事項を身に付けることができるよう指導する。
>
> ア　次のことを理解するとともに、観察、実験などに関する技能を身に付けること。
>
> （ア）次のことを理解するとともに、観察、実験などに関する技能を身に付けること。
>
> （イ）植物の発芽には、（　　　）、（　　　）及び（　　　）が関係していること。
>
> （ウ）植物の成長には、（　　　）や（　　　）などが関係していること。
>
> （エ）花には（　　　）や（　　　）などがあり、（　　　）がめしべの先に付くとめしべのもとが実になり、実の中に（　　　）ができること。
>
> イ　植物の育ち方について追究する中で、植物の発芽、成長及び結実とそれらに関わる条件についての予想や仮説を基に、解決の方法を発想し、表現すること。

（水）（空気）（温度）（日光）（肥料）（おしべ）（めしべ）（花粉）（種子）

解説 ― 指導の要点と基礎知識 ―

　3年では、植物の体が根、茎、葉からできていることや、植物の成長が種子の発芽から始まることを学んだ。5年では植物の発芽、成長、結実について詳しく学ぶ。種子は、種皮（乾燥から守る）、胚（成長するところ）、胚乳（栄養分）からできていて、一定の条件が揃うと発芽する。種子が発芽する3条件とは、①水、②空気（酸素）、③温度である。この3条件が揃っていても発芽しない場合があり、これは種子の休眠である。種子の休眠には、他の環境要因（アブシジン酸など）が関係している。発芽は土中で起こるため、光は必要ないが、レタス種子は発芽前に一定の光にさらさないと発芽せず、光発芽種子と

言われる。発芽後、胚は子葉（葉）、幼芽（本葉）、胚軸（茎）、幼根（根）となるが、発芽のための栄養分は単子葉植物では胚乳に蓄え、双子葉植物では子葉に蓄えられる。つまり、単子葉植物（イネ、トウモロコシ）は有胚乳種子であり、双子葉植物（ダイズ、アサガオ、クリ）は無胚乳種子で子葉に栄養分を蓄えている。ただし、カキは例外で、双子葉植物であるが、胚乳がある。

　発芽後に、植物が成長するために必要な条件は、光、空気（酸素）、温度、無機養分である。無機養分には、C（炭素）、H（水素）、O（酸素）、N（窒素）、S（硫黄）、P（リン）、K（カリウム）、Ca（カルシウム）、Mg（マグネシウム）、Fe（鉄）などがあげられるが、そのうち、N、P、Kは、植物に必要な3大要素として肥料の代表的な成分である。

　花は植物にとって生殖器官である。被子植物の花のつくりは、花びら（花弁）、がく、雄しべ、雌しべからできている。これら4つがすべて揃っている花を完全花という。これに対して、4つの要素のうち、どれかが欠けている花を不完全花という。イネの花には花びらとがくがないので不完全花である。

　花が成熟して種子ができるためには、受精が行われる。被子植物では、まず雄しべの先の花粉が雌しべの先端の柱頭に付くこと（受粉）が必要である。アブラナやコスモスなどでは虫によって運ばれ（虫媒花）、マツやスギでは風によって運ばれる（風媒花）。柱頭に付いた花粉は花粉管を伸ばし、花粉管の中の精細胞が、雌しべの根元にある胚珠の中の卵細胞と合体し受精する。その後、子房は果実に、胚珠は種子となる。果実は、真果と偽果があり、真果とは子房が膨らんで果実となったもの（カキ、モモ、ウメ）で、子房の部分を食べる。偽果は、子房以外の部分が膨らんだもの（リンゴ、ナシ、イチゴ）で、花托（花びら・雄しべ・雌しべ・がくなどがつく部分、支えているところ）の部分を食べる。

　アブラナやサクラなどは、一つの花の中に雄しべと雌しべの両方がある。このような花を両性花という。これに対し、ヘチマ、キュウリ、カボチャなどは、雄しべだけを持つ雄花と、雌しべだけを持つ雌花の2種類の花を別々につけるので単性花と呼ばれる。この単元では、これらの単性花を用いて、雌花の雌しべに雄花の花粉を人工受粉させる場合とそうでない場合を設定し、その直後に

袋かけを行い、果実ができるかどうかを調査する。

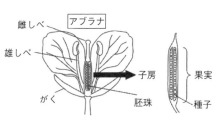

図 4-4-1 アブラナの花のつくり

アブラナの花は、花びら4枚、がく4枚、雌しべ1本、雄しべ6本からなり、やがて子房は果実に、胚珠は種子になる。

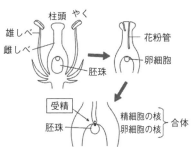

図 4-4-2 被子植物の受精

花粉が風や虫などで運ばれ柱頭につくと、花粉は花粉管を出し、花粉管の中の精細胞の核と胚珠の中の卵細胞の核が合体する。これが受精である。

使用する教材

種子（インゲンマメ、トウモロコシなど）、カップ、ヨウ素液、単性花の植物（ヘチマ、キュウリなど）、ガーゼの袋

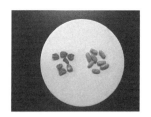

図 4-4-3 種子

トウモロコシ（左）とインゲンマメ（右）の種子。
市販の種子は、消毒薬が散布しており、ピンク色になっていることが多い。

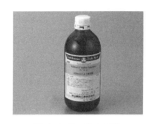

図 4-4-4 ヨウ素液

インゲンマメなどの双子葉植物は、子葉に栄養分を蓄えている。発芽直後の種子と、生育後のしぼんだ子葉にヨウ素液をかけてデンプンの有無を調べる。

＋α（プラスあるふぁ）

　種子の発芽は、5学年の問題解決能力である条件制御の実験としては最適である。

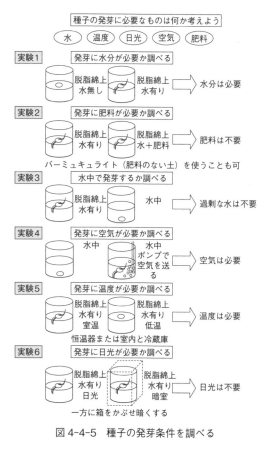

図 4-4-5　種子の発芽条件を調べる

図 4-4-6　カボチャの雄花
（上）と雌花（下）

カボチャは単性花で、雄花と雌花がある。花の外見は似ているが、雄花には雄しべだけ、雌花には雌しべだけがある。雌花の付け根は膨らんでいるので区別がつく。

指導の概略　授業の流れ　―全㉖時間―

（ア）植物は種子の養分を基に発芽する	（イ）発芽には水、空気、温度が関係する
・種子のつくりについて調べる ・発芽前の種子の子葉と、発芽後にしぼんだ子葉の養分を調べる【実験】 ・ヨウ素デンプン反応で確認する	・種子が発芽するのに必要な条件を調べる ・乾いた脱脂綿と湿らせた脱脂綿を用いて、水の有無による発芽を調べる【実験】 ・空気中と水中で、空気の有無による発芽を調べる【実験】 ・室内と冷蔵庫で、温度の違いによる発芽を調べる【実験】
（ウ）植物の成長には日光や肥料が関係する	（エ）花にはおしべ、めしべなどがあり、花粉がめしべにつくと実になり、種子ができる。
・植物が成長するのに必要な条件を調べる ・窓際と段ボール箱を被せたもので、日光の有無による成長の違いを調べる【実験】 ・肥料を与えたものとそうでないもので、肥料の有無による成長の違いを調べる	・花のつくりは、おしべ、めしべ、花びら、がくからなることを観察する【観察】 ・おしべの先についている花粉をしらべる ・めしべの根元がふくらみ実になる ・ヘチマなどの単性花の植物で、雌花に袋をかけ、雄花を人工受粉したものとそうでないものを用意し、成長を比較する【実験】 ・実の中に種子ができていることを確認する

5. 動物の誕生

　動物の発生や成長について、魚を育てたり人の発生についての資料を活用したりする中で、卵や胎児の様子に着目して、時間の経過と関係付けて調べる活動を通して、次の事項を身に付けることができるよう指導する。

　ア　次のことを理解するとともに、観察、実験などに関する技能を身に付けること。

　　（ア）魚には（　　　　）があり、生まれた卵は日がたつにつれて中の様子が変化してかえること。

　　（イ）人は、（　　　　）で成長して生まれること。

　イ　動物の発生や成長について追究する中で、動物の発生や成長の様子と経過についての予想や仮説を基に、解決の方法を発想し、表現すること。

（雌雄）（母体内）

解説 ― 指導の要点と基礎知識 ―

　動物の誕生として、メダカの産卵、発生のようすを取り上げる。日本に昔からいるメダカは、クロメダカ（*Oryzias latipes*）であり、現在では、農薬や環境の悪化から、絶滅危惧種に指定されている。一般に、ペットショップなどで販売されているのは主にヒメダカである。メダカは、水温18℃以上、日長13時間以上の4月上旬〜9月下旬の間に繁殖する。最適水温は、25℃前後である。卵は1.5mm程度で、10〜12日で孵化するが、そのためには、まず成熟した雄と雌の個体を入手し、交尾させる。メダカには5種類のヒレ（胸、腹、背、尻、尾）があるが、背びれに切れ込みのある個体が雄で、切れ込み無しが雌、また尻びれが平行四辺形の個体が雄で、三角形が雌である。

　ここではメダカの受精卵の発生のようすや、メダカのエサとなる水中の微生物を観察する活動を通して、顕微鏡の使い方を習熟させる。メダカの卵の観察は解剖顕微鏡や双眼実体顕微鏡などの使用が考えられるが、光学顕微鏡を用いても良いだろう。メダカのエサとなるミジンコ、ケイソウ、ミカヅキモなど水中の微生物は光学顕微鏡で観察する。ミジンコは大きいので、穴のくぼんだホールスライドガラスに入れ、綿毛などを絡めて動きを制限すると観察しやすい。児童にとって対象物を顕微鏡ではっきりと観察することは技術的に容易ではないので、時間をかけて丁寧に指導したい。また、メダカの卵割の変化やさまざまな微生物は、顕微鏡投影装置があればスクリーンやテレビの液晶画面に拡大投影したり、DVDなどの視聴覚教材を利用して見せることも効果的である。

　ヒトの誕生については、メダカと同様に、卵と精子の合体による受精卵が母体内で成長していくようすをイラストや視聴覚教材を利用して学習する。ここでは人体模型などを用いて、約10か月間の母体内での胎児の成長を確認する。へその緒、胎盤、羊水などの役割りについても触れる。

　胎児と母体とは、へその緒と胎盤でつながっており、母親は胎児が育つための栄養分や酸素を胎盤に送り、胎児はへその緒を通してそれらを受け取っている。また、胎児の体で不要になった老廃物も胎児はへその緒、胎盤を通して母体へ送り返している。この際、胎盤では母親の血液と胎児の血液が決して交わることは無いので、血液型の異なる胎児でも正常に生育できる。

使用する教材

メダカ（雌雄）、メダカの卵、飼育装置、光学顕微鏡、解剖顕微鏡、双眼実体顕微鏡、スライドガラス、カバーガラス、ヒトの発生と発育模型、視聴覚教材（メダカの発生、ヒトの成長）

図 4-5-1　メダカ（雄、♂）
雄の特徴は、背びれに切れ込みがあることと、尻びれの形が平行四辺形であることである。

図 4-5-2　メダカ（メス、♀）
雌の特徴は、背びれに切れ込みが無いことと、尻びれの形が三角形であることである。

図 4-5-3　メダカの卵割
左から、受精数時間後、1、2、4、6、8日後の卵のようす。水草に産み付けられた卵を発見したら、ただちに成魚とは別にして、受精卵のようすを観察する。約2週間で稚魚が誕生する。

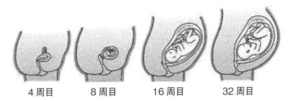

4周目　　8周目　　16周目　　32周目

図 4-5-4　人の発生
子宮は胎児の育つ部屋であり、胎児は羊膜に包まれ羊水という液体に浮かんだ状態で頭を下にしている。子宮内で約38週経つと50cm、3000gほどに成長し生まれる。

＋α（プラスあるふぁ）

光学顕微鏡の使い方

①明るさを調整する。

　最初、対物レンズは低倍率のものにしておく。反射鏡を調節して、視野全体が明るくなるようにする。

②プレパラートを近づける。

　プレパラートをステージに乗せ、調整ねじを回してプレパラートを対物レンズにできるだけ近づける。

③ピントを合わせる。

　接眼レンズをのぞき、調整ねじ（粗動ねじ）を②と反対に回しながら（プレパラートと対物レンズの距離を離しながら）、ピント合わせをする。

④観察の対象物を見る。

　プレパラートを上下左右に動かし、観察の対象物を視野の中央にする。

⑤しぼりを変える。

　しぼり板を調節して、対象物が一番見やすい明るさに調節する。

⑥高倍率で観察する。

　レボルバーを回転し、高倍率の対物レンズに変える。対物レンズを変えても、ピントはほぼ合っているので、微動ねじを回してピントを合わせる。高倍率では視野が暗くなるので、絞りを開く。

図 4-5-5　光学顕微鏡
プレパラートを作成し、40 ～ 600 倍程度の観察ができる。

図 4-5-6　双眼実体顕微鏡
生物を 20 ～ 40 倍程度の倍率で、そのまま見るときに用いる。

図 4-5-7　解剖顕微鏡
10 倍と 20 倍のレンズがある。

118

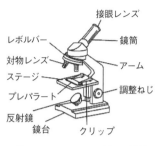

図4-5-8　ステージ上下式顕
　　　　微鏡
顕微鏡の各部分の名称をきちん
と覚えさせる。ステージ上下式
の他に、鏡筒上下式がある。

図4-5-9　ホールスライド
　　　　ガラス
水中の微生物を観察する際に
用いる。カバーガラスをかけ
て検鏡する。

図4-5-10
タマミジンコ
メダカのエサとなるミ
ジンコの仲間の一種。
学名 *Moina macrocopa*

指導の概略　授業の流れ　　―全⑰時間―

（ア）魚には雌雄があり、卵は中が変化し ていく	（イ）人は母体内で成長して生まれる
・メダカの雄と雌を飼育する ・雄と雌の特徴を知る ・水草を入れ、水温などの環境を整えて、 産卵させる ・光学顕微鏡と双眼実体顕微鏡の使い方 ・卵を成体から隔離し、1～2日おきに顕 微鏡で観察する ・稚魚が孵化したら、稚魚を飼育する	・人の誕生のしくみについて調べる ・精子と卵が受精した受精卵は、母体内で 育つ ・人の誕生、成長を魚（メダカ）の卵の成 長と関連付けて考える

6. 流れる水の働きと土地の変化

　流れる水の働きと土地の変化について、水の速さや量に着目して、それらの条件を制御しながら調べる活動を通して、次の事項を身に付けることができるよう指導する。

　　ア　次のことを理解するとともに、観察、実験などに関する技能を身に付けること。

　　　（ア）流れる水には、土地を（　　　　）したり、石や土などを（　　　　）

したり（　　　　）させたりする働きがあること。

(イ) 川の上流と下流によって、川原の石の（　　　　）や（　　　　）に違いがあること。

(ウ) 雨の降り方によって、流れる水の速さや量は変わり、（　　　　）により土地の様子が大きく変化する場合があること。

イ　流れる水の働きについて追究する中で、流れる水の働きと土地の変化との関係についての予想や仮説を基に、解決の方法を発想し、表現すること。

（侵食）（運搬）（堆積）（大きさ）（形）（増水）

解説 ― 指導の要点と基礎知識 ―

（ア）では川の働きは3つあり、①**侵食**（流水の働きによって、岩石が削られたり、溶かされたりすること）、②**運搬**（流水の働きによって、上流から下流に運ばれること）、③**堆積**（運搬力の低下によって、次第に岩石が積もること）である。長い年月の間に、侵食によってV字谷、河岸段丘、海食崖、堆積によって扇状地や三角州などの地形が形成される。V字谷は川の上流で川底を侵食してできた深く切り立った谷、渓谷のことで、河岸段丘は、土地が隆起すると侵食が強くなり川底を削るにつれて川幅が狭くなるが、これを繰り返すことによってできた階段状の台地である。海食崖は外海に面した岬などでだけ波の侵食によってできた切り立った崖、扇状地は川が平野に出るところで流れが遅くなり土砂が堆積した土地、三角州は穏やかな流れの川で、河口に運搬された土砂が堆積した土地である。

（イ）では川の上流と下流の違いでは、川原の岩石の形状を比較し、どうしてそのようになるのかを考えさせる。近くに河川がある場合は、安全面に注意しながら観察することもできるが、適当な場所がない場合は、モデル実験や映像によって、川の外側と内側の違いについても考察する。校庭でのモデル実験や、理科室で「流水の働き実験器」などを使用する際には、粒子の大きさの違う着色した砂を使うと運搬と堆積のようすがよくわかる。川の外側では、流れが速く、川底は深く、崖になっており、大きな石があること、川の内側では、流れが遅く、川底は浅く、川原になっており、小さな石があるなどの特徴があ

ることを理解させる。

　（ウ）では、面積が狭いわりに高低の起伏が激しく、更に降雨量が非常に多い日本の国土の宿命ともいうべき、降雨に関わる河川の増水、土石流、土砂崩れなどの災害について、防災教育の面からも触れることが必要である。

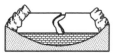

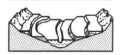

図 4-6-1　三角州模型

三角州は、川が海や湖に流れ込む河口付近で、流れが急に弱くなり、土砂が堆積したもの。デルタともいう。

図 4-6-2　扇状地模型

扇状地は、川が山間部から平地に出るところで運搬作用が弱まり堆積したものである。

図 4-6-3　河岸段丘のでき方

河川は浸食、運搬、堆積により氾濫原（河原）をつくる。その後、隆起、侵食を繰り返し、何段もの氾濫原が作られ、段丘が作られる。

　　使用する教材

　流水の働き実験器（校庭の砂場で行った方が良い）、着色した砂、ホース、視聴覚教材（川の流れ）

　　＋α（プラスあるふぁ）

　川から海まで運ばれた土砂は、やがて海底に堆積する。そのため川の河口付近では、さまざまな堆積作用により地形がみられる。

　砂嘴（砂し）は、川から運ばれてきた砂が細く長く伸びて堆積したもので、くちばしのような地形をしている。静岡県の景勝地である三保の松原などが代表的な砂しである。また、砂州は、砂しが更に長くなり対岸とつながった地形で、京都の天橋立などがそうである。この砂州によって閉じ込められてしまっ

た海を潟湖または潟という。北海道網走国定公園のサロマ湖や、島根県と鳥取
県の間にある中海がその例である。

　さらに、**陸繋島**は、砂しによって島と陸がつながった地形で、陸繋島には神
奈川県湘南海岸の「江の島」がある。

指導の概略　授業の流れ　―全⑭時間―

（ア）流水には、侵食、運搬、堆積の働き　がある	（イ）川の上流と下流では石の大きさや形　に違いがある
・川を流れる水のようすを図や映像などで　確認する ・砂場や流水実験器で水を流して、流水の　働きについて実験する【実験】 ・侵食、運搬、堆積の働きについて、確認　する	・川の上流の石と下流の石を比べる【観察】
（ウ）雨の降り方や増水により土地のよう　すが変わることがある	
・大雨や台風、雪解け水などにより、川の　水が増水することを学ぶ ・洪水により川原のようすが変化したり、　災害をもたらすことがあることを学ぶ	

7. 天気の変化

　天気の変化の仕方について、雲の様子を観測したり、映像などの気象情報を活
用したりする中で、雲の量や動きに着目して、それらと天気の変化とを関係付け
て調べる活動を通して、次の事項を身に付けることができるよう指導する。
　ア　次のことを理解するとともに、観察、実験などに関する技能を身に付けること。
　　（ア）天気の変化は、雲の量や（　　　　）と関係があること。
　　（イ）天気の変化は、映像などの（　　　　）を用いて予想できること。
　イ　天気の変化の仕方について追究する中で、天気の変化の仕方と雲の量や動き
　　との関係についての予想や仮説を基に、解決の方法を発想し、表現すること。

（動き）（気象情報）

解説 ― 指導の要点と基礎知識 ―

　風向、風力、雲量、気圧、気温、湿度などを**気象要素**という。観測したこれらのデータを図記号によって地図に記したものが**天気図**である。天気は、快晴○、晴れ①、曇り◎、雨●などの記号で、風向と風力は矢羽根を用いて表わす。**雲量**は、空全体を 10 としたときの雲の割合のことで、快晴（0 〜 1）、晴れ（2 〜 8）、曇り（9 〜 10）のように数字で表す。天気の変化は雲の量や動きと関係があり、日本の天気は、偏西風の影響で、およそ西から東へと変化する。地表が温められ空気のかたまりが上昇すると、上空では気圧が低くなり温度も下がるため、ある高さで露点に達する。さらに上昇すると、水蒸気は小さな塵を凝結核として液体（水）となるが、小さくて軽いため空気中に**雲粒**（直径 0.02mm）として浮かぶ。これが雲で、この雲粒が大きく成長すると、**雨粒**（直径 4mm）として落下してくる。

　また、空気にもわずかであるが重さがあり、地表にあるものはすべてこの空気の重さによる圧力を受ける。この空気による圧力を**気圧**（大気圧）という。上空に行くほど空気は薄いので気圧は低い。海抜 0m（海面と同じ高さ）では、ほぼ 1 気圧になり、1 気圧の大きさは、1cm²の面に 1kg の物体をのせた時の圧力にほぼ等しい（1 気圧＝1013hPa＝100000N/m²）。まわりより気圧の高いところを**高気圧**といい、下降気流が時計回りに吹き出して天気は良い。一方、まわりより気圧の低いところは**低気圧**と呼ばれ、上昇気流が反時計回りに吹き込み天気は悪くなる。

　空気が大陸などの広い範囲に長くとどまると、「暖かい空気」、「冷たい空気」のように、性質が同じ大規模な空気のかたまり、**気団**ができる。暖かい空気（暖気団）と冷たい空気（寒気団）が接する所では、温度の違う気団の境界面ができる。これを**前線面**といい、これが地面と交わる線を**前線**という。境界面で暖気が寒気の上にはい上がるように進むときは乱層雲が生じ、長時間穏やかな雨が降る。これを**温暖前線**という。逆に、寒気が暖気を押しながら進むときは上昇気流により積乱雲が生じ、強い雨が短時間降る。これを**寒冷前線**という。また、2 つの気団の強さが同じくらいでほとんど動かない場合は、**停滞前線**となり、寒冷前線が温暖前線に追いついてしまう場合は、**閉塞前線**という。

天気の変化は、スケールが大きく、つかみにくいものであるが、新聞天気図、インターネット、気象庁 HP などの気象情報を積極的に利用することで、ある程度の天気を予想できる。しかし、天気の変化の決まりは、台風には当てはまらない。台風は短時間で多量の雨をもたらすなどの自然災害を伴いながら、不規則な動き方をする。

使用する教材

天気予報などの気象情報、DVD 教材、デジタルカメラ、デジタルビデオカメラ

＋α（プラスあるふぁ）

気圧（大気圧）は、われわれの身体に直接的に力を及ぼしているにも拘らず、普段の生活ではそれを感じることは少ない。高い山に登ったり、飛行機に乗ったりした経験があれば、それを思い出させながら、例えば少量の水を入れ

図 4-7-1　16 方位
東・西・南・北の 4 方向を基準として、16 等分した方位が用いられる。

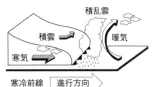

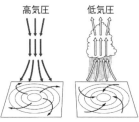

図 4-7-2　高気圧と低気圧
高気圧では下降気流が生じ、時計回りに風が中心から外側に吹き出している。一方、低気圧では周りから反時計回りに風が中心に吹き込み、上昇気流にともなって雲が発生する。

図 4-7-3　寒冷前線と温暖前線
寒冷前線…寒気が暖気の下にもぐり込み、暖気を押し上げて進む。強い雨が狭い範囲に降る。
温暖前線…暖気が寒気の上にはい上がって進む。穏やかな雨が広範囲に降る。

たアルミニウム缶を熱し、ガムテープで封をし冷水につける「缶つぶし」など
の気圧を実感できる簡単な実験を行っても良い。

観天望気

　昔の人たちは、「夕焼けの次の日は晴れ」、「カエルが鳴くと雨」、「ツバメが
低く飛ぶと雨」など、身近な自然現象から経験的に天気を予想した。これら
は観天望気（かんてんぼうき）または天気俚諺（てんきりげん）と呼ばれ、科学的にある程度は説明がつくものも
多い。ツバメの例では、湿度が高いとエサとなる昆虫が低く飛ぶためと説明さ
れる。こうした諺が多く残っているのは、日本は四季の区別がはっきりしてお
り、雨も多い国なので、農業を営むためには、天気の変化を予想することが昔
から極めて重要であったということなのであろう。

表 4-7-1　観天望気の例

生物	朝にクモの巣に水滴がつくと晴れ	晴天では昼と夜の気温差が激しく、空気中の水蒸気が水滴になり巣につく
	ネコが顔を洗うと雨	湿度が高いと、猫の顔やヒゲに水滴がつき易くなったり、ノミが活動する
	ミミズが地面からはい出すと雨	天候が悪くなると地面が湿度で柔らかくなり、ミミズがはい出してくる
雲	飛行機雲がすぐに消えると晴れ	飛行機雲は、上空の湿度が低いためにできる
	山に笠雲がかかると雨や風	低気圧等の風によって湿度の高い空気が山の斜面を上り水蒸気が凝縮する
	朝虹は雨、夕虹は晴れ	朝虹は、西で雨が降っていて近づいてくる夕虹は西が晴れているので次の日は晴れる

指導の概略　授業の流れ　―全⑫時間―

（ア）雲の量や動きは天気の変化と関係がある	（イ）天気の変化は、気象情報で予想できる
・空を見て、雲のようすについて観測する ・晴れとくもりは、雲の量によって決まることを学ぶ ・天気と雲のようすの関係を考える	・雲の画像など気象情報から、天気について考える ・天気の変わり方や規則性について学ぶ ・気象情報に基づいて、天気の予報をする ・観天望気について調べる ・季節による天気の変化について学ぶ

8.　第 5 学年基礎知識の確認問題

CHECK TEST　　　　　　　　　　　　　（解答は 174 ページ）

物の溶け方

□①　溶質を溶媒に入れると溶液ができる現象を何という
　　か。　　　　　　　　　　　　　　　　　　　＿＿＿＿＿＿

□②　温度の上昇によって、固体が液体になる現象を何とい
　　うか。　　　　　　　　　　　　　　　　　　＿＿＿＿＿＿

□③　透明な媒質の中で場所により屈折率が違い、その部分
　　にもや状の影が見える現象は何か。　　　　　＿＿＿＿＿＿

□④　固体を水に溶かし、再び結晶として取り出すことを何
　　というか。　　　　　　　　　　　　　　　　＿＿＿＿＿＿

□⑤　100g の水に溶けることのできる溶質の限度の量を何
　　というか。　　　　　　　　　　　　　　　　＿＿＿＿＿＿

□⑥　物質が溶解度まで溶けている水溶液を何というか。　＿＿＿＿＿＿

□⑦　ろ過を行うとき、ろうとのあしはどうするのか。　＿＿＿＿＿＿

振り子の運動

□①　振り子が 1 往復にかかる時間を何というか。　　　＿＿＿＿＿＿

□②　振り子の周期は、おもりの重さ、糸の長さ、振れ幅の
　　どれによって決まるか。　　　　　　　　　　＿＿＿＿＿＿

□③　ガリレオが発見したこの規則は何と呼ばれているか。　＿＿＿＿＿＿

□④　周期を T、糸の長さを l、重力加速度を g とし、この
　　関係を式で表わすとどうなるか。　　　　　　＿＿＿＿＿＿

□⑤　糸の長さが 2 倍になると、周期の長さは何倍になる
　　か。　　　　　　　　　　　　　　　　　　　＿＿＿＿＿＿

電流がつくる磁力

- □① コイルに鉄心を入れたものを何というか。
- □② 電磁石の力を強くするにはどうすればよいか、2つあげよ。
- □③ 電流計は、測りたいところにどのようにつなぐか。
- □④ 電圧計は、測りたいところにどのようにつなぐか。
- □⑤ 電流計や電圧計は、－端子は、はじめは最小、最大どちらの端子からつなぐか。
- □⑥ 導線に電流を流すと同心円状に磁界ができるが、このとき電流の向きと磁界の向きの関係を何というか。
- □⑦ コイルのまわりにできる磁界の向きは、コイルをつかんだ右手の親指では、NとSのどちらの極か。
- □⑧ 電流と磁界の間に働く力を連続的に取り出すようにした装置を何というか。
- □⑨ コイルの中に磁石を出し入れすると、コイルの中の磁界が変化する現象を何というか。
- □⑩ このとき流れる電流を何というか。
- □⑪ 電磁誘導を利用して、電流を続けて得られるようにした装置を何というか。

植物の発芽、成長、結実

- □① 植物の発芽の3条件をあげよ。
- □② 植物の成長の3条件をあげよ。
- □③ 双子葉植物では、発芽の際の養分はどこに蓄えられているか。
- □④ 花のつくりは、4つの部分からなる。4つあげよ。
- □⑤ 花粉がめしべの柱頭につくことを何というか。
- □⑥ 花粉管の中の精細胞と、胚珠の中の卵細胞が合体することを何というか。

□⑦　受精後、子房と胚珠はそれぞれ何になるか。　　　＿＿＿＿＿＿

□⑧　カボチャやヘチマのように、雄花と雌花がある花を何
　　というか。　　　　　　　　　　　　　　　　　　　　＿＿＿＿＿＿

□⑨　単性花ではなく、1つの花におしべとめしべがある花
　　を何というか。　　　　　　　　　　　　　　　　　　＿＿＿＿＿＿

動物の誕生

□①　メダカにヒレは何種類あるか。　　　　　　　　　　＿＿＿＿＿＿

□②　メダカの♂の見分け方は何か。　　　　　　　　　　＿＿＿＿＿＿

□③　メダカの♀の見分け方は何か。　　　　　　　　　　＿＿＿＿＿＿

□④　メダカの交尾、産卵のための水温と日長時間の条件は
　　何か。　　　　　　　　　　　　　　　　　　　　　　＿＿＿＿＿＿

□⑤　産卵後、何日程度で孵化するか。　　　　　　　　　＿＿＿＿＿＿

□⑥　ヒトでは受精から出産まで約何週間（何日）かかる
　　か。　　　　　　　　　　　　　　　　　　　　　　　＿＿＿＿＿＿

流れる水の働きと土地の変化

□①　川の流れの働きで、岩石が削られることを何という
　　か。　　　　　　　　　　　　　　　　　　　　　　　＿＿＿＿＿＿

□②　川の流れの働きで、上流から下流へ運ばれることを何
　　というか。　　　　　　　　　　　　　　　　　　　　＿＿＿＿＿＿

□③　運搬能力の低下で、しだいに岩石が底に積もることを
　　何というか。　　　　　　　　　　　　　　　　　　　＿＿＿＿＿＿

□④　川の流れが速いのは、川の内側と外側のどちらか。　＿＿＿＿＿＿

□⑤　河川の中・下流域に流路に沿って発達する階段状の地
　　形を何というか。　　　　　　　　　　　　　　　　　＿＿＿＿＿＿

天気の変化

□① 雲量（雲が空をおおっている割合）が0～1のとき、その天気を何というか。 ＿＿＿＿＿＿

□② 天気図記号で◎の天気は何か。 ＿＿＿＿＿＿

□③ まわりより気圧が高いところを何というか。 ＿＿＿＿＿＿

□④ 高気圧では上昇気流と下降気流のどちらが生じているか。 ＿＿＿＿＿＿

□⑤ 気圧が低くなると、天気はどうなるか。 ＿＿＿＿＿＿

□⑥ 低気圧や高気圧は、日本付近ではどの方角からどの方角へ進むか。 ＿＿＿＿＿＿

□⑦ 気象庁の無人の地域気象観測システムを何というか。 ＿＿＿＿＿＿

□⑧ 気温や湿度がほぼ一様な大きな空気のかたまりを何というか。 ＿＿＿＿＿＿

□⑨ 性質の違う2つの気団がぶつかり、その間の境界面を何というか。 ＿＿＿＿＿＿

□⑩ 寒気の勢力が強く、寒気が暖気の下にもぐりこんで進む前線を何というか。 ＿＿＿＿＿＿

□⑪ 温暖前線の付近で雨を降らせる代表的な雲は何か。 ＿＿＿＿＿＿

第5章

第6学年の内容と演習

第6学年の目標及び内容

(1) 物質・エネルギー

①燃焼の仕組み、水溶液の性質、てこの規則性及び電気の性質や働きについての
理解を図り、観察、実験などに関する基本的な技能を身に付けるようにする。

②燃焼の仕組み、水溶液の性質、てこの規則性及び電気の性質や働きについて追
究する中で、主にそれらの仕組みや性質、規則性及び働きについて、より妥当
な考えをつくりだす力を養う。

③燃焼の仕組み、水溶液の性質、てこの規則性及び電気の性質や働きについて追
究する中で、主体的に問題解決しようとする態度を養う。

(2) 生命・地球

①生物の体のつくりと働き、生物と環境との関わり、土地のつくりと変化、月の
形の見え方と太陽との位置関係についての理解を図り、観察、実験などに関す
る基本的な技能を身に付けるようにする。

②生物の体のつくりと働き、生物と環境との関わり、土地のつくりと変化、月の
形の見え方と太陽との位置関係について追究する中で、主にそれらの働きや関
わり、変化及び関係について、より妥当な考えをつくりだす力を養う。

③生物の体のつくりと働き、生物と環境との関わり、土地のつくりと変化、月の
形の見え方と太陽との位置関係について追究する中で、生命を尊重する態度や
主体的に問題解決しようとする態度を養う。

　第6学年の目標は、自然の事物・現象の変化や働きをその要因や規則性、関
係を推論しながら調べ、問題を見いだし、見いだした問題を計画的に追究する

130

活動を通して、物の性質や規則性についての見方や考え方、自然の事物・現象の変化や相互関係についての見方や考え方を養うことである。本学年では、学習の過程において、前学年で培った、変化させる要因と変化させない要因とを区別しながら、観察、実験などを計画的に行っていく条件制御の能力に加えて、自然の事物・現象の変化や働きについてその要因や規則性、関係を推論する能力を育成することに重点が置かれている。

A区分（物質・エネルギー）

1. 燃焼の仕組み
2. 水溶液の性質
3. てこの規則性
4. 電気の利用

B区分（生命・地球）

5. 人の体のつくりと働き
6. 植物の養分と水の通り道
7. 生物と環境
8. 土地のつくりと変化
9. 月と太陽

1. 燃焼の仕組み

　燃焼の仕組みについて、空気の変化に着目して、物の燃え方を多面的に調べる活動を通して、次の事項を身に付けることができるよう指導する。
　ア　次のことを理解するとともに、観察、実験などに関する技能を身に付けること。
　（ア）植物体が燃えるときには、空気中の（　　　）が使われて（　　　）ができること。
　イ　燃焼の仕組みについて追究する中で、物が燃えたときの空気の変化について、より妥当な考えをつくりだし、表現すること。

（酸素）（二酸化炭素）

解説 — 指導の要点と基礎知識 —

　キャンプファイヤー、たき火、花火など、物が燃えることは、児童にとって身近な現象である。この物が燃えること、すなわち燃焼の仕組みを、空気の変化と関連づけて考えるのが本単元の内容である。空気は約78％が窒素、21％が酸素、残りの1％はアルゴン、二酸化炭素、ネオンなどの気体である。燃焼には、この空気中の酸素が使われる。酸素はものを燃焼させるためには必要な気体であるが、酸素自身は燃焼しないで他の物質が燃えるのを助ける助燃性がある。酸素が他の物質と結びつくことを酸化というが、酸化の中で、特に熱や光を激しく出す反応のことを燃焼という。一方、おだやかな酸化としては、金属のさびや生物の呼吸作用がある。ここでは、集気びんや底なし集気びんなどの中でろうそくを燃やし、フタをした場合としない場合とで、ろうそくがどうなるかを確かめる。例えば、ろうそくや割りばしを燃焼させる化学反応式は、次のようになる。

$$ろうそく、割りばし + O_2 \rightarrow CO_2 + H_2O$$

　ろうそくの主成分はパラフィン、木材である割りばしの主成分はセルロースやリグニンであり、いずれも炭素と水素を含むので、燃焼すると二酸化炭素と水を生じる。ここでは、CO_2 が発生したことを石灰水を用いて確かめる。鉄（スチールウール）に火をつけると燃焼するが、この反応は、$3Fe + 2O_2 \rightarrow Fe_3O_4$（四酸化三鉄）であり、炭素と水素を含まないので CO_2 や H_2O は生じない。また、割りばしを缶などで蒸し焼きにすると、固体としての木炭の他に、液体の木酢液と木タール、気体の木ガス（水素・一酸化炭素・メタン等）ができる。これは空気を補給しないで燃やす方法で乾留という。

使用する教材

　集気びん、底なし集気びん、燃焼さじ、ろうそく、気体検知管、気体採取器、石灰水、窒素ガス、酸素ガス、二酸化炭素ガス

図 5-1-1　ガスマッチ

最近はマッチを使わないせいか、マッチを擦れない児童が多い。ガスマッチではなく、マッチも積極的に使用させたい。

図 5-1-2　ガス栓用プラグ

ガスバーナーのゴム管の端には、ゴム管用ソケットを、ガスの元栓にはガス栓用プラグを取り付けておくと、取り付けと外しが簡単にできる。

図 5-1-3　集気びん

さまざまなタイプの集気びんが販売されている。

図 5-1-4　ガス（CO_2、O_2、N_2）

CO_2、O_2 などの気体は、ボンベが市販されている。

図 5-1-5　石灰水

石灰水は水酸化カルシウムを水に溶かして作成する。

＋α（プラスあるふぁ）

ガスバーナーの使用法

（アルコールランプの使用法については 70 ページ参照）

点火の方法

ガスバーナーには、ガス調節ネジ（下側）と空気調節ネジ（上側）がある。

①ガスの元栓が閉まっていることを確認する。

②2つのねじの両方が軽く回るか確認し、ゆるく閉めておく。

③ガスの元栓を開ける。

④マッチに火をつけ、他方の手でガス調節ねじを少し開け、バーナーの口に横からマッチの火を近づけ点火する。

⑤ガス調節ねじを回し炎の大きさを調節する。

⑥ガス調節ねじが回らないように押さえたまま、空気調節ねじを少しずつ開き、適切な炎にする。炎の中に青い三角形の炎ができるようにする。

<u>消火の方法</u>

① ガス調節ねじを押さえたまま、空気調節ねじを軽く確実に閉じる。

② ガス調節ねじを軽く確実に閉じる。

③ ガスの元栓を閉じる。

図 5-1-6　ガスバーナー（1）

ガスの種類も天然ガス、プロパンガスがあるので、専用のガスバーナーを使用する。

空気調節ネジ

ガス調節ネジ

コック

図 5-1-7　ガスバーナー（2）

ガスバーナーには2つのネジがあり、いずれも水道の栓と同じで、開く場合は反時計回り、閉じる場合は時計回りである。

指導の概略　授業の流れ　―全⑧時間―

（ア）植物体が燃えるときは酸素が使われ二酸化炭素ができる

・ビンの中のろうそくが燃え続けるにはどうすれば良いか実験する

・物を燃やすには空気が必要なことを知る

・ビンの上下に隙間を作り、空気の通り道について調べる【実験】

・空気中の気体の成分について調べる

・さまざまな気体の中で、物を燃焼させる

・気体検知管の使い方

・石灰水による二酸化炭素の確認

・物を燃やした後のビンの中の気体を調べる【実験】

・空気がないところで木や紙を燃やしたときのようすを調べる

2．水溶液の性質

> 　水溶液について、溶けている物に着目して、それらによる水溶液の性質や働き
> の違いを多面的に調べる活動を通して、次の事項を身に付けることができるよう
> 指導する。
> 　ア　次のことを理解するとともに、観察、実験などに関する技能を身に付ける
> 　　こと。
> 　（ア）水溶液には、（　　　　）、（　　　　）及び（　　　　　）のものがあること。
> 　（イ）水溶液には、（　　　　）が溶けているものがあること。
> 　（ウ）水溶液には、（　　　　）を変化させるものがあること。
> 　イ　水溶液の性質や働きについて追究する中で、溶けているものによる性質や
> 　　働きの違いについて、より妥当な考えをつくりだし、表現すること。

（酸性）（アルカリ性）（中性）（気体）（金属）

解説 ― 指導の要点と基礎知識 ―

　ある物質が液体に溶けて均一に混じり合っていることを溶解といい、生じた
液体を溶液という。溶けている物質（食塩、砂糖など）を溶質といい、物質を
溶かしている液体（水、アルコールなど）を溶媒という。溶媒が水の場合は特
に水溶液といい、食塩を水に溶解させたものは食塩水（溶液）である。また、
溶けるとは、①透明になる（透明性）、②どの部分も濃さが同じ（均一性）、③
溶けてもなくならない（保存性）の3つの性質があり、この点について実験で
確かめる。

　水溶液は、指示薬などを用いて酸性、中性、アルカリ性に分けることができ
る。水溶液中で電離し水素イオン（H^+）を生じる物質を酸といい、この水溶
液が示す性質を酸性という。酸 → 水素イオン（H^+）＋ 陰イオン。

　一方、水溶液中で電離し水酸化物イオン（OH^-）を生じる物質を塩基といい、
塩基のうち、水に溶けやすいものをアルカリと呼び、この水溶液が示す性質を
アルカリ性という。塩基 → 陽イオン ＋ 水酸化物イオン（OH^-）。

　水溶液中の H^+ のモル濃度を水素イオン濃度 $[H^+]$、OH^- のモル濃度を水酸化物濃度 $[OH^-]$ といい、水溶液中の水素イオン濃度と水酸化物濃度の積は一定である。$[H^+] \times [OH^-] = 1.0 \times 10^{-14}$ (mol/l)、$[H^+] = 1.0 \times 10^{-n}$ (mol/l) で、n を水素イオン指数 (pH) といい、酸性、塩基性の強さを表す。酸性では pH<7、塩基性では pH>7、中性では pH=7 となり、酸性が強いほど pH は小さくなる。

　小学校で酸性やアルカリ性を調べる指示薬としては、リトマス紙と BTB 液がある。リトマス紙は赤色と青色があり、水溶液につけた時に青 → 赤（酸性）、青 → 赤（アルカリ性）に変色する。BTB 液は、黄色（酸性）、緑色（中性）、青色（アルカリ性）になる。この他に、万能試験紙や簡易 pH メーターを用いたり、紫キャベツ、アサガオの花、マローブルー（ハーブ茶）の煮汁を指示薬として用いても良い。代表的な水溶液とその性質を以下に示す。

表 5-2-1　代表的な酸性、中性、アルカリ性水溶液

液体	化学式	酸・アルカリ	電流	特徴
食塩水	NaCl	中性	○	結晶は立方体。
砂糖水	$C_{12}H_{22}O_{11}$	中性	×	有機物。
エタノール	C_2H_5OH	中性	×	消毒液。アルコールランプの燃料はメタノール。
塩酸	HCl	酸性	○	金属と反応し、H_2 を発生する。
アンモニア水	NH_3	アルカリ性	○	鼻を刺すような強い刺激臭。
石灰水	$Ca(OH)_2$	アルカリ性	○	CO_2 を通すと白濁する。
水酸化ナトリウム水溶液	NaOH	アルカリ性	○	強いアルカリ性。潮解性。
ホウ酸水	H_3BO_3	酸性	○	結晶は六角柱。
過酸化水素水	H_2O_2	中性	×	2%のものはオキシドールという。

　水溶液には、気体が溶けているものがある。炭酸水は二酸化炭素、アンモニア水はアンモニア、塩酸は塩化水素がそれぞれ溶けている。また、水溶液に金属を入れると、金属が溶けたり、気体を発生するものがある。

表5-2-2　酸、アルカリと金属との反応

	鉄	アルミニウム	亜鉛	銅
HCl	H_2発生	H_2発生	H_2発生	不溶
NaOH	不溶	H_2発生	加熱でH_2発生	不溶

大きい							水素イオン濃度								小さい
H^+のモル濃度	10^{-0}	10^{-1}	10^{-2}	10^{-3}	10^{-4}	10^{-5}	10^{-6}	10^{-7}	10^{-8}	10^{-9}	10^{-10}	10^{-11}	10^{-12}	10^{-13}	10^{-14}
pH	0	1	2	3	4	5	6	7	8	9	10	11	12	13	14
酸性							中性								塩基性

図5-2-1　酸性度

使用する教材

　試験管、試験管立て、ガラス棒、リトマス紙（赤、青）、BTB液、塩酸、食塩、砂糖、ホウ酸、エタノール、アンモニア水、石灰水、水酸化ナトリウム、アルミニウム箔、鉄片、銅片、亜鉛粒、安全メガネ、蒸発皿

図5-2-2　リトマス紙
リトマス紙は、リトマスゴケ（地衣類の一種）から得られる紫色の染料をろ紙に染み込ませたものである。

図5-2-3　pH試験紙
試験紙を溶液につけることで、pH1〜14を測定できる。

図5-2-4　簡易pHメーター
数滴のサンプルからpHを瞬時に測定できる。2万円程度で購入できる。

＋α（プラスあるふぁ）

　溶液の中に含まれている溶質の割合を**濃度**という。濃度には幾つかの表し方があるが、溶液の質量に対する溶質の質量の割合で表した濃度を**質量パーセント濃度**という。

$$質量パーセント濃度（\%）=\frac{溶質の質量（g）}{水溶液の質量（g）}\times 100$$

$$=\frac{溶質の質量（g）}{溶媒の質量（g）+溶質の質量（g）}\times 100$$

水溶液ではないもの

　泥水は放置すると成分が分離し沈殿するが、このような液体は**懸濁液**という。また、石ケン水、中性洗剤などは透明で放置しても分離しないが、小さな粒子が水中に分散しており、**コロイド溶液**という。コロイド溶液は、粒子が$10^{-9}\sim{}^{-6}$m の大きさである。これ以上の大きさの粒子は、レーザー光線を当てると光を散乱して光の通り道が見える。これを**チンダル現象**という。

　駒込ピペットの使い方

　駒込ピペットは、Komagome Pipette として世界中で通用する。本来、ピペットは口で吸うものであるが、都立駒込病院の院長の二木氏が口で吸うのは危険であるとして発明したと言われている。使い方は、右手の4本の指で持ち、親指の腹で押したゴム球を、親指を離すことによって膨らませて液体を吸引し、液体を押し出すときは親指でゴム球を押す。児童には慣れるまで時間を取って、水などで練習させると良い。

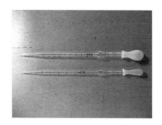

図 5-2-5　駒込ピペット
容量が1、2、5、10mL のものがあるので、適量なピペットを使用する。

指導の概略　授業の流れ　―全⑩時間―

（ア）水溶液には酸性、アルカリ性、中性がある	（イ）気体が溶けている水溶液がある
・見た目では区別できない水溶液の違いを調べる方法を考える ・五感や蒸発乾固などの方法を試す ・リトマス紙の使い方 ・水溶液の酸性、アルカリ性、中性を調べる【実験】 ・紫キャベツの抽出液などのリトマス紙以外の身近な指示薬を利用する	・炭酸水の泡の正体は何か考える ・二酸化炭素の発生を確かめる【実験】 ・炭酸水以外に、気体が溶けている水溶液について学ぶ
（ウ）金属を変化させる水溶液がある	
・アルミニウムなどの金属に、塩酸を注ぎ、その反応を調べる【実験】 ・駒込ピペットの使い方 ・塩酸に溶けたアルミニウムは、どうなったのか考える ・塩酸に溶けたアルミニウムを蒸発乾固して取り出す【実験】 ・取り出したものがアルミニウムであるか調べる	

3. てこの規則性

　てこの規則性について、力を加える位置や力の大きさに着目して、てこの働きを多面的に調べる活動を通して、次の事項を身に付けることができるよう指導する。
　ア　次のことを理解するとともに、観察、実験などに関する技能を身に付けること。
　　（ア）力を加える（　　　　）や力の大きさを変えると、てこを傾ける働きが変わり、てこがつり合うときにはそれらの間に（　　　　）があること。
　　（イ）身の回りには、てこの規則性を利用した（　　　　）があること。
　イ　てこの規則性について追究する中で、力を加える位置や力の大きさとてこの働きとの関係について、より妥当な考えをつくりだし、表現すること。

（位置）（規則性）（道具）

解説 ― 指導の要点と基礎知識 ―

　中央の一点（支点）で支えて水平になった棒の左右におもりをつるすとき、この棒が水平になるには、支点の左右において、「おもりの重さ（数）×支点からの目盛りの数（長さ、距離）」が等しくなければならない。片方におもりがあるときは、おもりのある側の棒は下向きに回転しようとするが、このように棒を回転させようとするはたらきをモーメントといい、左右のモーメントが等しいと棒はつり合う。

　身のまわりには、てこの原理が利用された道具が数多くある。てこを用いると、小さな力で大きな力を出すことができる。てこにおいて、てこを支えて動かない点を支点、力を加える点を力点、ものに力がはたらく点を作用点という。てこにおいて、支点、力点、作用点の位置関係により、3種類に分類される。

　第1種のてこは支点が中央にあり、力が得をするタイプで、くぎ抜き、缶切、ラジオペンチ、洋はさみなどがある。第2種のてこは作用点が中央にあり、力が得をするタイプで、栓抜き、くるみ割り器、蟹割り器、穴あけパンチ、空き缶つぶし器がある。第3種のてこは力点が中央にあり、力は損をするが便利さで得をするタイプで、ピンセット、手持ち式のホッチキス、トング、箸がある。また、われわれの身体でも、てこは応用されており、4年で学んだひじ関節の骨と筋肉の動きでは、関節が支点となり腕が曲がるという、第1種のてこの原理が使われている。

使用する教材

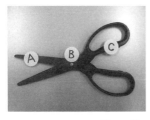

図 5-3-1　はさみ（第1種）
第1種のてこは、支点（B）が中央にあるてこで、他にくぎ抜き、ペンチ、上皿てんびん、洗濯ばさみなどがある。

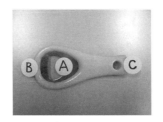

図 5-3-2　栓抜き（第2種）
第2種のてこは、作用点（A）が中央にあるてこで、他に缶切り、ホッチキス、裁断カッター、コルク押しなどがある。

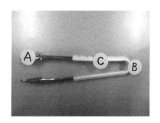

図5-3-3　トング（第3種）
第3種のてこは、力点（C）が中央に
あるてこで、他にピンセット、毛抜き、
にぎりばさみ、シャベルなどがある。

図5-3-4　演示用大型てこ
1m以上ある演示用の大型てこである。
ダイナミックなてこの演示実験ができ
る。

　実験用てこ、実験用おもり、てこを利用した道具（ハサミ、釘抜き、栓抜き、トングなど）

＋α（プラスあるふぁ）

　てこと同じように、小さな力を大きな力にかえるものに滑車や輪軸がある。滑車は、固定して使う**定滑車**と、ものと一緒に動く**動滑車**という使い方がある。定滑車は、力の向きを変えるだけで、力の大きさは変わらないが、動滑車を1個使うと、1/2の力でおもりを持ち上げることができる。しかし、移動距離（ひもを引く長さ）は2倍になる。滑車は、つるべ井戸、クレーン車、ケーブルカー、エレベーターなどに利用されている。**輪軸**は、半径の異なる2枚の円板が同時に回転する道具で、2枚の円板は同時に同じ角度だけ回転するので、おもりの移動距離は円板の半径に比例する。半径の比が3：1ならば、力の大きさは1：3になり、力の大きさが1/3になるかわりに、移動距離は3倍になる。輪軸はドアのノブ、ねじ回し、車のハンドルなどに応用されている。

指導の概略　授業の流れ　─全⑫時間─

（ア）力の位置や大きさを変えると、てこの傾きが変わり、つり合うには規則性がある	（イ）身の回りには、てこの規則性を利用した道具がある
・実験用てこを用いて、同じ重さのおもりを左右につり下げ、つり合う条件を調べる ・実験用てこを用いて、重さの違うおもりを左右につり下げ、つり合う条件を調べる ・てこがつり合う規則性を考える	・ハサミや釘抜きなど、身の回りにあるてこの規則性を利用した道具をさがす ・その道具のどの部分が支点、力点、作用点であるかを調べる

4. 電気の利用

　発電や蓄電、電気の変換について、電気の量や働きに着目して、それらを多面的に調べる活動を通して、次の事項を身に付けることができるよう指導する。

　ア　次のことを理解するとともに、観察、実験などに関する技能を身に付けること。

　（ア）電気は、つくりだしたり（　　　）たりすることができること。

　（イ）電気は、（　　　）、（　　　）、（　　　）、運動などに変換することができること。

　（ウ）身の回りには、電気の性質や働きを利用した（　　　）があること。

　イ　電気の性質や働きについて追究する中で、電気の量と働きとの関係、発電や蓄電、電気の変換について、より妥当な考えをつくりだし、表現すること。

（蓄え）（光）（音）（熱）（道具）

解説 ─ 指導の要点と基礎知識 ─

　手回し発電機（ゼネコン）を回すと、乾電池と同じように直流電圧を作り出すことができる。さまざまな出力の手回し発電機が市販されており、早く回すと10V程度の電圧まで発電できるものもあるので、豆電球や発光ダイオードなどにつなぐときには、発電機の出力を考えてつなぐ。

　コンデンサーは、これまで高等学校の物理で扱っていたが、学習指導要領

の改訂で中学校を飛び越えて、小学校に導入された教材である。コンデンサー
は電気を蓄えられるので、手回し発電機で発電した電気を蓄電し、豆電球など
につなぎ発光させることができる。ただし、発光ダイオードと同様に極性があ
るので、＋－を間違えないようにすることが大切である。ここでは、手回し発電
機を回し、まず力学的（運動）エネルギーを電気エネルギーに変換し、この電気
エネルギーを使って、発光ダイオード、電熱線、電子オルゴール等を作動させ、
光エネルギー、熱エネルギー、音エネルギーへも変換されることを確かめる。

　電流の流れにくさのことを抵抗（電気抵抗）といい、2点間に1Vの電圧が
かかるとき、1Aの電流が流れる抵抗の大きさを1Ωという。電圧が一定の
とき、抵抗の大きさが2倍、3倍と大きくなると、流れる電流の強さは1/2、
1/3となる。抵抗R（Ω）の金属線を流れる電流の強さをI（A）、その両端に
かかる電圧の大きさをE（V）とすると、これら三者の間には、E＝IRという
関係式が成り立ち、これをオームの法則という。

使用する教材

　手回し発電機（ゼネコン）、豆電球、ソケット、発光ダイオード、コンデン
サー、電子オルゴール、電流計、電熱線、電源装置、導線、ビーカー、温度計

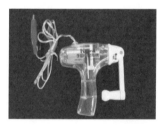

図5-4-1　手回し発電機
手回し発電機は、教科書によって扱う機
種が異なる。東書、啓林館、大日本では
3V用、教出、学図では12V用が掲載さ
れているので、注意が必要である。

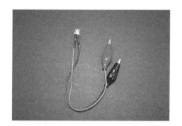

図5-4-2　発光ダイオード
発光ダイオードは、極性がある。長
い方が＋、短い方が－である。導線
の色では、赤が＋、黒が－である。

図 5-4-3　コンデンサー
コンデンサーも発光ダイオードと同様に
極性があり、長い方が＋、短い方が－で
ある。使用するゼネコンに合わせて、
2.3V 用と、5.5V 用を使うと良い。

図 5-4-4　光電池とモーター
光電池、モーター、プロペラ

＋α（プラスあるふぁ）

　抵抗は金属の種類によって異なり、銅やニクロムのように抵抗が小さく電流
を通しやすい物質を**導体**といい、逆にガラス、ゴム、プラスチックのように抵
抗が大きく電流を通しにくい物質を**不導体（絶縁体）**という。また、ケイ素や
ゲルマニウムのように、抵抗が導体と不導体の中間の値である物質を**半導体**と
呼ぶ。断面積 1mm²で長さが１ mの物質の抵抗の値を**抵抗率**といい、銅：0.017、
ニクロム：1.04、天然ゴム：10^{20} である。

　電熱線（ニクロム線）は、ニッケルとクロムの合金であるが、電気ストーブ
などの熱源によく使われている。同じ長さの電熱線ならば、太い方が抵抗（電
流の流れにくさ）は小さい。電熱線が長いほど抵抗は大きく、太いほど抵抗は
小さくなる。つまり、電熱線の抵抗は、電熱線の長さに比例し、断面積に反比
例する。R：抵抗（Ω）、ρ：抵抗率、l：長さ（m）、S：断面積 mm²とすると、
抵抗は以下の式で表わされる。

$$R = \rho \times \frac{l}{S}$$

　同じ電圧では、抵抗の小さい方が流れる電流は強くなる。電圧と時間が一定
の時は、発熱量は電流の強さに比例するので、太い方が発熱量は大きい。

表 5-4-1　導体、半導体、不導体の抵抗率

物質		抵抗率（Ω）	物質		抵抗率（Ω）
導体	アルミニウム	0.028	半導体	ケイ素	1000000000
	金	0.024		ゲルマニウム	100000
	銀	0.016	不導体	ガラス	10^{15}
	銅	0.017		ゴム	10^{20}
	ニクロム	1.04		雲母	10^{19}

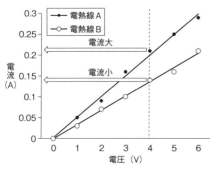

図 5-4-5　オームの法則

電熱線 A、B に電流を流し電圧を測定すると、同じ電圧のとき、電熱線 B の方が電流が流れにくい。つまり、電熱線 B の方が抵抗（電流の流れにくさ）が大きい。

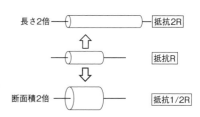

図 5-4-6　電熱線の長さや太さと抵抗

電熱線が長いほど抵抗は大きく、太いほど抵抗は小さくなる。抵抗は、電熱線の長さに比例し、断面積に反比例する。

指導の概略　授業の流れ　　―全⑮時間―

（ア）電気はつくり出したり蓄えたりできる	（イ）電気は光、音、熱などに変えられる
・手回し発電機を回して電気を起こす ・回し方を逆にすると、電流の向きはどうなるか調べる ・手回し発電機で起こした電気を、コンデンサーに蓄える	・手回し発電機で豆電球を光らせたり、電子オルゴールを鳴らしたりする ・コンデンサーに蓄えた電気で、豆電球を光らせたり、電子オルゴールを鳴らしたりする
（ウ）身の回りには、電気の性質や働きを利用した道具がある	
・電気を利用したおもちゃ作りをする	

5. 人の体のつくりと働き

　人や他の動物について、体のつくりと呼吸、消化、排出及び循環の働きに着目して、生命を維持する働きを多面的に調べる活動を通して、次の事項を身に付けることができるよう指導する。

　ア　次のことを理解するとともに、観察、実験などに関する技能を身に付けること。

　（ア）体内に酸素が取り入れられ、体外に二酸化炭素などが出されていること。

　（イ）食べ物は、口、胃、腸などを通る間に（　　　　）、（　　　　）され、吸収されなかった物は排出されること。

　（ウ）血液は、心臓の働きで体内を巡り、（　　　　）、（　　　　）及び（　　　　）などを運んでいること。

　（エ）体内には、生命活動を維持するための様々な（　　　　）があること。

　イ　人や他の動物の体のつくりと働きについて追究する中で、体のつくりと呼吸、消化、排出及び循環の働きについて、より妥当な考えをつくりだし、表現すること。

（消化）（吸収）（養分）（酸素）（二酸化炭素）（臓器）

解説 ― 指導の要点と基礎知識 ―

　動物は、取り入れた栄養分を分解して生命活動のエネルギーを得ている。そのために、体外から肺などに酸素を取り入れ、エネルギーを取り出している。このエネルギーを取り出す作用を**呼吸**という。われわれヒトをはじめ、ほ乳類、鳥類、は虫類、両生類（成体）の呼吸器官は肺で、鼻・口→気管→気管支→肺→肺胞とつながっている。一方、魚類はえら、昆虫類は気管で呼吸する。両生類であるカエルは、幼生（オタマジャクシ）はえら呼吸で、成体（カエル）になると肺呼吸（皮膚呼吸も行う）である。ここでは、呼気である二酸化炭素の確認に石灰水や気体検知管を使ったり、自然に肺に呼気や吸気が出入りする仕組みについては、「肺のモデル実験器」などを用いたりして理解を深める。吸う時には、肋骨が上がり横隔膜が下がり、はく時は肋骨が下がり横隔

膜が上がる。

　食物は、口 → 食道 → 胃 → 十二指腸 → 小腸 → 大腸 → 肛門という一本の消化管の中を通り、消化管から分泌される消化液によって体内に吸収される大きさに分解され、小腸の柔毛から吸収される。消化液には、消化酵素（生体内で作られるたんぱく質を主成分とする触媒）が含まれ、炭水化物（デンプン）はブドウ糖に、タンパク質はアミノ酸に、脂肪は脂肪酸とモノグリセリドに分解され、ブドウ糖とアミノ酸は柔毛の毛細血管から、脂肪酸とモノグリセリドは柔毛で再結合し脂肪となり、リンパ管から吸収される。実験では、だ液に含まれるアミラーゼがデンプンを分解することを、ヨウ素デンプン反応によって確認する。血管に吸収された栄養分や呼吸による酸素と二酸化炭素、老廃物などは血液に溶け込み、心臓の働きによって運搬される。心臓は４つの部屋（左心房、左心室、右心房、右心室）に分かれ、心臓から血液が送り出される動脈と、心臓へ血液が戻ってくる静脈とがある。血液の循環は、酸素を多く含んだ血液が心臓から全身をめぐり、組織の細胞に酸素を与えて二酸化炭素を受けとり心臓に戻る経路（体循環）と、二酸化炭素を多く含んだ血液が心臓から肺にいき、肺で二酸化炭素を放出し酸素を取り入れ心臓に戻る経路（肺循環）がある。

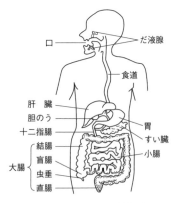

図 5-5-1　ヒトの消化系
口から肛門まで１本の管（消化管）で
つながっている。

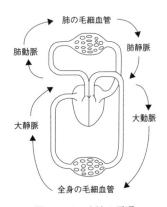

図 5-5-2　血液の循環
肺循環は右心室 → 肺動脈 → 肺 → 肺静
脈 → 左心房で、体循環は左心室 → 大動
脈 → 全身 → 大静脈 → 右心房である。

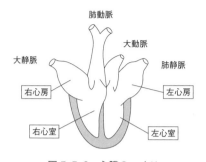

図 5-5-3　心臓のつくり

ヒトをはじめほ乳類と鳥類の心臓は2心房2心室である。心臓には弁があり、逆流を防いでいる。

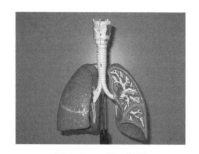

図 5-5-4　肺の模型

酸素は、口・鼻 → 気管 → 気管支 → 肺 → 肺胞へと取り込まれる。

また、血液には、赤血球、白血球、血小板、血しょうが含まれ、細菌の捕食や血液凝固などに関係している。この単元では学習指導要領の改訂に伴い、排出に関する内容として、肝臓と腎臓の働きが新たに加わった。肝臓は一番大きな内臓で非常に多くの働きがあるが、主なものは、①有害物質（アルコール）の分解、②アンモニアを尿素に変える、③胆汁を作る、ことである。腎臓は、①血液中の不要分をこしだす、②尿をつくる、などの働きがある。

使用する教材

　デンプン（ご飯）、試験管、試験管立て、ビーカー、駒込ピペット、湯、ヨウ素液、乳鉢、乳棒、石灰水、気体検知管、気体採取器

＋α（プラスあるふぁ）

　食物として取り入れた炭水化物、タンパク質、脂肪がアミラーゼ、マルターゼなど種々の消化酵素によって分解される過程は、非常に複雑であるが、次のような図にまとめることができる。胆汁は、肝臓で生産、胆のうに蓄積、十二指腸から分泌され、脂肪の消化を助けるが、消化酵素を含まず酵素ではない。

　血液は約45%が有形成分で、残りの55%が血しょうと呼ばれる液体成分からなる。赤血球は、大きさが8μmほどの中央がへこんだ扁平な円板状をして、血液中に500万/mm³存在する。鉄を含んだ色素ヘモグロビンを含み、酸

素の運搬を担っている。白血球は、血液中に 6000/mm² 含まれ、食菌作用によって細菌の捕食を行い、病原菌などの防御に重要である。血小板は、骨髄中の細胞の一部が壊れて作られたもので、血液中には 20 万 /mm² 程度含まれ、血液凝固に関係する。血しょうは、液体で CO_2、栄養分、老廃物などを溶かし物質の運搬を行う。

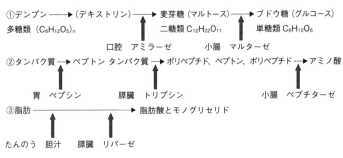

図 5-5-5　消化酵素の働き

デンプン、タンパク質、脂肪は、それぞれ最終的にブドウ糖、アミノ酸、脂肪酸とモノグリセリドに分解される。ブドウ糖は柔毛で吸収された後、肝門脈を経て肝臓に運ばれ、一部はグリコーゲンに合成され体内に貯蔵される。

指導の概略　授業の流れ　　―全⑱時間―

（ア）動物は呼吸によって、酸素をとり入れ、二酸化炭素を放出する	（イ）食物は口、胃、腸などを通る間に、消化・吸収され、残りは排出される
・動物が生きるために必要な物は何か考える	・だ液による食べ物の変化について考える
・呼吸によって、吸い込む空気と吐き出す空気の違いを調べる【実験】	・ご飯（デンプン）とだ液を混ぜて、デンプンが変化するか調べる【実験】
・肺に取り入れた酸素は、その後どこへ行くのか考える	・デンプンが分解され養分（糖）に変化したことを確かめる【実験】
・肺のつくりと、肺で空気が出し入れされる仕組みについて考える	・消化された養分は、やがて小腸で吸収される
	・吸収されなかったものは、便として排出される

（ウ）血液は心臓の働きで循環し、養分、酸素、二酸化炭素などを運ぶ	（エ）体内にはさまざまな臓器がある
・血液の働きについて考える ・メダカの血液を観察する【観察】 ・心臓のつくりについて調べる ・血液の循環について学ぶ	・肝臓と腎臓の働きを学ぶ ・肝臓は消化・吸収に関係し、主に小腸で吸収した養分を蓄える働きがある ・腎臓は体内の不要物や余分な水分をこしとって、尿としてぼうこうに送る

6. 植物の養分と水の通り道

　植物について、その体のつくり、体内の水などの行方及び葉で養分をつくる働きに着目して、生命を維持する働きを多面的に調べる活動を通して、次の事項を身に付けることができるよう指導する。

　ア　次のことを理解するとともに、観察、実験などに関する技能を身に付けること。

　　（ア）植物の葉に日光が当たると（　　　　）ができること。

　　（イ）　根、茎及び葉には、水の通り道があり、根から吸い上げられた水は主に葉から（　　　　）により排出されること。

　イ　植物の体のつくりと働きについて追究する中で、体のつくり、体内の水などの行方及び葉で養分をつくる働きについて、より妥当な考えをつくりだし、表現すること。

（でんぷん）（蒸散）

解説 ― 指導の要点と基礎知識 ―

　緑色植物は二酸化炭素と水を原料として、光エネルギーによって葉で糖を合成する。多くの植物では糖はすぐに貯蔵しやすいように、水に溶けにくいデンプンに変えられ葉に貯まる。一方、単子葉植物のユリやネギでは、糖のまま葉に蓄積される。ネギを食べると甘く感じることがあるが、これはそのためである。このように植物が無機物からデンプンなどの有機物を合成する働きを光合成という。光合成は葉の葉緑体で行われ、酸素と水が放出される。葉緑体にはクロロフィル（葉緑素）と呼ばれる緑色の色素が含まれ、このため植物の葉は

緑色に見える。光合成の化学反応を式で表わすと次のようになる。

$$6CO_2 + 12H_2O \rightarrow C_6H_{12}O_6 + 6H_2O + 6O_2 + 688KCal$$

　光合成の実験には、アサガオ、インゲンマメ、ジャガイモの葉などを用い、エタノール抽出法か、たたき染め法により行うと良い。

　植物は、水や養分を根の**根毛**から吸収する。これらは維管束の道管（水と養分の通り道）を通って葉に送られ、光合成の材料となる。光合成で作られたデンプンは夜になると再び糖になり、**師管**（葉で作られた糖の通り道）を通って各部に送られ、エネルギー源として使用される。

　被子植物は、子葉が1枚の**単子葉植物**と、2枚の双子葉植物に分けることができるが、単子葉植物では維管束の形状がバラバラに散在し、双子葉植物では維管束が輪のように並ぶ。

　光合成において、二酸化炭素と酸素は、葉の**気孔**から出入りし、水や養分は根の根毛から吸収する。余分な水は、葉の気孔を通して空気中に蒸発していく。これを**蒸散**という。

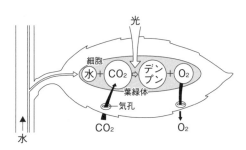

図 5-6-1　光合成のしくみ
植物は水や二酸化炭素という無機物からデンプンなどの有機物をつくることができる。これは植物にしかできないことで、地球上の全生命は植物によって支えられている。また、酸素がなかった地球に酸素が存在するようになったのは、植物のおかげである。

図 5-6-2　葉脈標本
植物の葉を水酸化カリウムなどで煮沸し、酸で中和すると、葉脈標本をつくることができる。葉脈は、葉における維管束である。写真は、ヒイラギモクセイ。

アルミニウム箔

図 5-6-3　蒸散の実験

植物は浸透圧を利用して、根から水分を吸収しているので、体内には常に水分が流れている。吸収を止めることはできないので、余分な水分は蒸散として葉から放出する。この蒸散作用を、葉を切り取った枝、葉にワセリンなどを塗り、蒸散できないようにした葉のある枝などで、実験を行う。アルミニウム箔は水面からの蒸発を防ぐためである。

使用する教材

　植物の葉（アサガオ、インゲンマメ、ジャガイモなど）、ビーカー、シャーレ、ヨウ素液、湯、エタノール、漂白剤、ピンセット、駒込ピペット、たたき染めセット（木づち、ゴム板）、ろ紙、植物の茎（トウモロコシ、ホウセンカなど）、三角フラスコ、食紅、カミソリの刃、光学顕微鏡、スライドガラス、カバーガラス

図 5-6-4　　たたき染めセット

ろ紙に葉をはさみ、木づちで叩き葉汁を染み込ませ漂白することで、エタノールを使用せずにデンプンを検出する。

図 5-6-5　維管束の観察器具

顕微鏡で植物の維管束を見る器具。スライドガラス、カバーガラス、カミソリ、シャーレ、ニワトコの髄（細い茎をはさむ）、ピンセット、柄付き針。

152

＋α（プラスあるふぁ）

　光合成によって葉にデンプンができているかどうかを調べるには、上記に示した「たたき染め法」や、以下に示す「エタノール抽出法」がある。いずれも前日の夜のうちに、アルミニウム箔で一部をきちんと覆っておき、朝になったら十分に太陽の光に当てることが必要である。

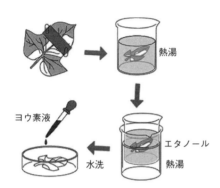

図5-6-6　光合成による同化デンプンの検出
夜のうちに葉の一部をアルミニウム箔で覆い、朝から数時間日光に当てる。葉を熱湯に入れて柔らかくし、ついでエタノールで約10分湯煎し、脱色する。水洗後、白くなった葉に薄めたヨウ素液をかけ、ヨウ素デンプン反応を確認する。

図5-6-7　ヨウ素デンプン反応
アサガオによる実験結果。アルミニウム箔を被せていないところは、光合成によりヨウ素デンプン反応が出ているが、覆ったところは、デンプンができていない。

図5-6-8　維管束のようす
双子葉植物と単子葉植物では、根、葉、茎などで組織の形態が異なる。

図5-6-9　染色液
植物の維管束を染色するのに、インクや食紅より短時間できれいに染色ができる染色液が販売されている。

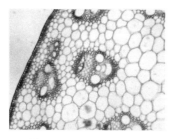

図5-6-10　トウモロコシ

単子葉植物の維管束は、宇宙人のような
顔の模様が茎の横断面に散在して並ぶ。

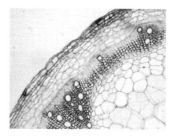

図5-6-11　ホウセンカ

双子葉植物の維管束は、茎の横断面に
輪のようにぐるりと並ぶ。

指導の概略　授業の流れ　―全⑥時間―

（ア）葉に日光が当たるとデンプンができる	（イ）根、茎、葉には水の通り道があり、余分な水は葉から蒸散している
・日光を当てた葉と当てない葉で、デンプンのでき方を調べる【実験】 ・エタノール抽出法、またはたたき染め法で行う	・植物を掘り出し、色のついた水を吸収させ、根、茎、葉の断面を顕微鏡で観察する【実験】 ・葉までいきわたった余分な水は、水蒸気として葉から蒸散していることを確かめる【実験】

7.　生物と環境

　生物と環境について、動物や植物の生活を観察したり資料を活用したりする中で、生物と環境との関わりに着目して、それらを多面的に調べる活動を通して、次の事項を身に付けることができるよう指導する。

　ア　次のことを理解するとともに、観察、実験などに関する技能を身に付けること。

　　（ア）生物は、（　　　　）及び（　　　　）を通して周囲の環境と関わって生きていること。

　　（イ）生物の間には、（　　　　）という関係があること。

　　（ウ）人は、環境と関わり、工夫して生活していること。

イ　生物と環境について追究する中で、生物と環境との関わりについて、より
　　妥当な考えをつくりだし、表現すること。

（水）（空気）（食う食われる）

解説 — 指導の要点と基礎知識 —

　動植物などの生物は、環境からさまざまな影響を受けると同時に、その生命
活動によって逆に環境を変化させる。このように、生物と環境は互いに強い関
わりを持つ。ある地域の生物とそれを取り巻く環境のことを生態系という。生
態系には、次の4つの要素がある。まず、①非生物的環境・気候要因、土壌
要因であり、これには光、温度、大気、水などと、土壌における肥沃度、保水
性などがある。次に2つ目の要素は、②生産者として光合成によって無機物か
ら有機物を作る独立栄養生物である緑色植物である。3つ目としては、③消費
者として、生産者が生産した有機物を直接または間接に取り込む従属栄養生物
で、草食動物や肉食植物である。そして最後は、④分解者として生産者や消費
者の枯死体、遺体、排出物などの有機物を分解してエネルギーを得る従属栄養
生物で、菌類や細菌類のことである。

　動物は食物（植物または動物）を摂取しなければ生きていくことはできず、
食う方を捕食者、食われる方を被食者といい、被食者と捕食者のつくる一連の
つながりを食物連鎖という。実際の自然界では、数多くの生物の食物連鎖がか
らみあって網目のように存在し、食物網を形成している。また、被食者と捕食
者の量を比べると、生産者→1次消費者→2次消費者→3次消費者の順に減
少し、下位の栄養段階の緑色植物が全ての生物を支えていることがわかる。こ
れを生態系ピラミッドという。

　一方、生物と環境との関わりでは、有機物や無機物という物質の循環も極め
て重要である。ここでは水、酸素、二酸化炭素の循環について考える。まず、
植物は、無機物の水と二酸化炭素をとり入れて光合成を行い、有機物を作り酸
素と水を放出する。動物は、有機物である植物体を取り入れ、酸素を利用して
呼吸によって無機物である二酸化炭素と水に分解する。呼吸によって、動植物
は必要なエネルギーを得ることができる。また、動物のフンや遺骸は菌類や細

菌類により二酸化炭素と水に分解され、無機物となる。このように、酸素、二酸化炭素、水は絶えず生物と環境の間で循環している。

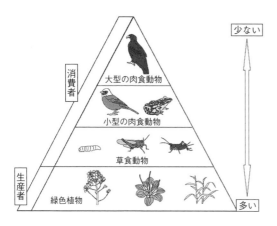

図 5-7-1　生態系ピラミッド
生物の数は、食物連鎖という自然界の生態系システムによって均衡が保たれている。下位のものほど数は多く、その序列はピラミッドのような形になる。

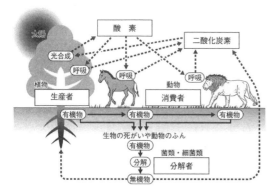

図 5-7-2　物質の循環
自然界にある物質は、いろいろと形を変えながら循環し、生物に再利用される。ここでは、あまりわれわれの目に触れない分解者の役割りが大きい。また、これらすべての営みのもとになっているのは、太陽エネルギーである。

使用する教材

　植物、ビニール袋、気体検知管、気体採取器

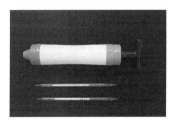

図 5-7-3　気体検知器と気体検知管
本体の気体採取器（測定器）に、ガラス
管状の気体検知管を差し込み、検知管の
先を調べたいものに入れ、ハンドルを回
して一気に引く。

＋α（プラスあるふぁ）

　生物が外界から取り込む物質のうち、体内で分解や排出されず蓄積される場合がある。そのような生物を捕食者が摂取した場合、上位の捕食者では、物質が高濃度で蓄積されてしまうことがあり、これを生物濃縮という。殺虫剤の一種であるDDTは、戦後、日本でも大量に使用されたが、上位消費者であるヒトの神経系に影響を与えることがわかり、現在では禁止されている。

　生態系のバランスが維持できない例として、自然浄化できる限度を超えて、生活排水や産業排水などに含まれる窒素、リン、カリウムなどが大量に河川に流れ込む富栄養化という問題がある。富栄養化が起こると、植物プランクトンが一時的に大量発生し、それを求める動物プランクトンの発生、魚貝類の増殖が連鎖的に起こる。しかし、これら生物の生命活動による水質悪化に分解者の浄化作用が追いつかなくなり、酸素不足などで生物の大量死なども引き起こされる。シアノバクテリアという植物プランクトンが大量に発生し、水面が緑色に染まるアオコ、ケイソウなどの植物プランクトンが大量に発生し、水面が赤褐色になる赤潮などがある。いずれも生態系のバランスがくずれた場合に起こる。

指導の概略　授業の流れ　　―全⑭時間―

（ア）生物は水や空気を通して環境と関わっている	（イ）生物間には、食う食われるの関係がある
・生物にとって必要な水は、どこからくるのか考える ・植物の果たす役割について考える ・植物が酸素を放出し、二酸化炭素を吸収することを確かめる【実験】	・食べ物のもとをたどると、何に行きつくのか考える ・ダンゴムシなどを飼育して、食物連鎖について学ぶ ・生物同士の食う食われるの関係をまとめる

（ウ）人は環境と関わり工夫して生活する

・人と環境との関わりについて調べ、持続
　可能な社会について考えさせる

8. 土地のつくりと変化

　土地のつくりと変化について、土地やその中に含まれる物に着目して、土地の
つくりやでき方を多面的に調べる活動を通して、次の事項を身に付けることがで
きるよう指導する。

　ア　次のことを理解するとともに、観察、実験などに関する技能を身に付ける
　　こと。

　（ア）土地は、礫、砂、泥、（　　　　）などからできており、層をつくって
　　　　広がっているものがあること。また、層には（　　　　）が含まれてい
　　　　るものがあること。

　（イ）地層は、流れる水の働きや火山の（　　　　）によってできること。

　（ウ）土地は、火山の噴火や（　　　　）によって変化すること。

　イ　土地のつくりと変化について追究する中で、土地のつくりやでき方につい
　　て、より妥当な考えをつくりだし、表現すること。

（火山灰）（化石）（噴火）（地震）

解説 ― 指導の要点と基礎知識 ―

　岩石が風化、侵食され、流水や風などによって河口や海などに運搬され、長
い年月をかけて堆積したものが**地層**である。地層は隆起などによって地表に現
れるので、崖などの露頭を観察することでそのようすがわかる。礫・砂・泥な
どが固まって硬くなった岩石を**堆積岩**といい、粒の大きさによって礫岩（2mm
以上）、砂岩（2〜0.06mm）、泥岩（0.06mm 以下）に分類される。この他、
太古のサンゴやフズリナの遺骸が堆積し炭酸カルシウムを主成分とする石灰
岩、放散虫の遺骸が堆積し SiO_2 を主成分とするチャート、火山灰が堆積した
凝灰岩などがある。

岩石のもとになっているものは地中深くにあるマグマ（ケイ酸塩、珪素と酸素が主成分の溶融体）であり、マグマが地上に出ると溶岩と呼ばれる。マグマは、冷え固まり方の違いによってさまざまな種類があるが、マグマが冷え固まった溶岩を火成岩という。火成岩は大きく火山岩と深成岩に分類され、火山岩（流紋岩、安山岩、玄武岩）は斑状組織で、地表付近で急に冷えて固まったもので、深成岩（花崗岩、閃緑岩、斑レイ岩）は等粒状組織で、深いところでゆっくり固まったものである。火成岩は、造岩鉱物から構成されており、有色鉱物としてはカンラン石、輝石、カクセン石、黒雲母、無色鉱物としては石英、長石がある。これらの組み合わせによって、組織や色に違いがある。SiO_2 が多く含まれると、流紋岩、花崗岩のように白っぽくなる。

　化石は、過去に生息していた生物の遺骸や、生物の生活した痕跡などである。アンモナイトは、1億3500万年前の中生代・白亜紀という時代に登場し、6500万年前には滅びた頭足類である。このように、生物は繁栄、滅亡を繰り返すので、特定の時代にしか生息していない生物は、地層のできた時代を知るのに役立つ。このような化石を示準化石といい、三葉虫・フズリナ（古生代）、アンモナイト（中生代）などがある。一方、地層がたい積した環境を知るのに役立つ化石は示相化石と呼ばれ、シジミ（汽水域）　サンゴ（暖かくて浅い海）などがある。

　日本は、世界有数の火山国である。火山が噴火すると、まず水蒸気、CO_2、HCl、SO_2、H_2S、H_2、N_2 などの火山ガスが噴き出し、ついで火山弾、火山礫、火山灰、軽石などが噴出する。マグマに含まれる SiO_2 の量は溶岩の粘り気に関与し、火山の形状も変わる。昭和新山や雲仙岳は、溶岩の粘り気が強い流紋岩質の鐘状火山、ハワイのマウナロア、キラウエアは、溶岩の粘り気が弱い玄武岩質の楯状火山である。富士山や桜島は、安山岩質の成層火山である。

　日本では、火山の噴火とともに、大きな自然災害として地震がある。地震は地球内部で蓄積されたひずみエネルギーが、局部的に急激に解放されて弾性波を発生させる現象である。地震が発生した地下の場所を震源といい、震源の真上の地表の場所を震央という。震度は、地震のゆれの大きさで、0〜7までの10段階（震度5、6は2段階：5弱、5強、6弱、6強）がある。また、マグニ

チュードは、地震の規模を表すエネルギー量で、マグニチュードが1大きくなると、地震のエネルギーは約32倍に、2大きくなると1000倍になる。

　　logE＝4.8＋1.5M　　　E：地震のエネルギー（J）、M：マグニチュード

使用する教材

　堆積岩標本（礫岩、砂岩、泥岩、凝灰岩など）、化石標本（三葉虫、アンモナイトなど）、火山噴出物（火山弾、火山礫、火山灰など）

図5-8-1　礫岩・砂岩・泥岩
礫、砂、泥が堆積した礫岩、砂岩、泥岩は堆積岩である。

図5-8-2　火山噴出物
火山噴出物には、火山礫、浮石質火山礫、火山灰、軽石、硫黄、黒曜石などがある。

図5-8-3　アンモナイト
北海道三笠市立博物館は、日本一のアンモナイト化石の博物館である。1m程のアンモナイトが所狭しと並ぶ。

図5-8-4　地層の模型
地層の広がり、重なり、傾き、切断方向による断面の違いなどを立体的に理解する模型。整合、不整合、断層なども説明できる。

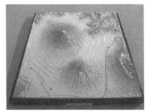

図5-8-5　富士山の模型
コニーデ型の成層火山である富士山の立体地形模型。

＋α（プラスあるふぁ）

　地震波にはＰ波とＳ波がある。Ｐ波は Primary Wave を意味し、地震の最初に発生する初期微動で縦波であり、6km/s 程度の速度である。Ｓ波は Secondary Wave を意味し、初期微動の後に来る主要動で横波であり、4km/s 程度で後からくる大きな揺れである。Ｐ波到着からＳ波到着までの時間を**初期微動継続時間**という。震源では、Ｐ波とＳ波が同時に発生するが、Ｓ波の伝わる速度が遅いので、震源からの距離が遠いほど到着時間の差が大きくなる。そこで、震源までの距離をＸ(km)、Ｐ波、Ｓ波の速さをそれぞれ p(km/s)、s(km/s)、初期微動継続時間を t(s) とすると、

$$t=(X/s)-(X/p)$$

$$\therefore \ X=ps/(p-s)\times t=8.0t \qquad ps/(p-s)：8.0 程度の定数$$

が成り立つ。これを**大森公式**という。

　日本付近では太平洋プレートやフィリピン海プレートが大陸プレートの下に沈み込んでいる。そのため、沈み込む海溝の内側や大陸プレート上部では、岩石が大きなひずみを生じ、地震が発生すると考えられている。

図 5-8-6　震央の分布
日本は環太平洋地震帯の中にあり、世界有数の地震国である。

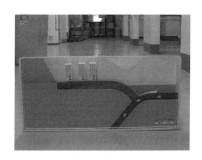

図 5-8-7　地震発生モデル
海側のプレートが沈みこむ時、陸側のプレートの端を引きずり込み、そのひずみが限界を超えると跳ね上がり地震が生じることを説明できる。

指導の概略　授業の流れ　―全⑯時間―

（ア）土地は礫、砂、泥、火山灰からできて地層を形づくる。化石が含まれることもある	（イ）地層は流水のはたらきや火山の噴火によってできる
・地域に見られる崖を観察し、土地のようすやつくりについて調べる ・地層の特徴について考える ・粒の大きさによって礫、砂、泥などに分けることができる ・火山灰を双眼実体顕微鏡で観察する ・化石のでき方を調べる	・地層はどのようにしてできるのか考える ・流水の働きで、地層ができるか実験で確かめる【実験】
（ウ）土地は火山の噴火や地震によって変化する	
・主な火山について調べる ・地震によって、土地が大きく変化することもある ・火山の噴火や地震がもたらす災害について学ぶ	

9. 月 と 太 陽

　月の形の見え方について、月と太陽の位置に着目して、それらの位置関係を多面的に調べる活動を通して、次の事項を身に付けることができるよう指導する。

　ア　次のことを理解するとともに、観察、実験などに関する技能を身に付けること。

　　（ア）月の輝いている側に太陽があること。また、月の形の見え方は、太陽と月との（　　　）によって変わること。

　イ　月の形の見え方について追究する中で、月の位置や形と太陽の位置との関係について、より妥当な考えをつくりだし、表現すること。

（位置関係）

解説 — 指導の要点と基礎知識 —

　月は地球の衛星で、地球の約 0.27 倍の大きさである。地球からの距離は 38 万 km、大気はなく、重力は 1/6 である。表面の凸凹はクレーターといい、隕石の衝突の後であるが、大気や水がないので、風化しない。一方、太陽は、地球の約 109 倍の大きさで、地球から 1 億 5000 万 km 離れている。H と He が主成分で、表面温度は 6000℃、中心部は 1600 万℃である。太陽の表面には黒点があるが、温度は 4000℃程度と低い。

　月は太陽の光を受けて輝いている。また、月は地球の周りを公転している。そのため、地球・月・太陽の位置関係によって、月の満ち欠けがおこる。地球から見て月と太陽と同じ方向にあるときが新月、太陽と反対方向にあるときが満月である。また、上弦の月は地球から見てちょうど月の右側半分が光を受けて輝いて見える状態で夕方に見える。

使用する教材

　バレーボール、ライト、三球儀、月球儀

図 5-9-1　三球儀

太陽、地球、月のモデルに光を当てることができ、地球の公転と自転、月の満ち欠けなどを視覚的に学ぶことができる。

図 5-9-2　月球儀

月面上の平地を「海」というが、1969 年にアメリカのアポロ 11 号が着陸した「静かの海」の地名も確認できる。

＋α（プラスあるふぁ）

　太陽の周りを公転している天体を惑星といい、太陽系で地球より内側を公転している水星、金星を内惑星、太陽系で地球の外側を公転している火星、木

星、土星、天王星、海王星を**外惑星**という。冥王星は、2006年の国際天文学連合総会で惑星から削除することが可決され、現在惑星は地球を含めて8つである。一方、太陽のように自ら光を出して燃えている天体を**恒星**といい、星座を形つくっている星の多くは恒星である。また、太陽の周りを公転し、白雲状の天体で、だ円軌道を持つものがあり、**彗星**(ほうき星)という。

指導の概略　授業の流れ　―全⑥時間―

(ア) 月の輝いている側に太陽がある。月の形の見え方は、太陽と月に位置による
・ボールを月に見立て光を当て、ボールの光って見える形を調べる ・月の見える形が変わる理由を考える

10. 第6学年基礎知識の確認問題

CHECK TEST　　　　　　　　　　　　(解答は176ページ)

燃焼の仕組み

□① 酸素が他の物質と結びつくことを何というか。　　　＿＿＿＿＿

□② 酸化のうち、特に熱や光を激しく出す反応を何というか。　　　　　　　　　　　　　　　　　　　　　　＿＿＿＿＿

□③ スチールウールを放置するとさびてくるが、さびの主な成分は何か。　　　　　　　　　　　　　　　　　　＿＿＿＿＿

□④ スチールウールなどが酸素と化合すると質量はどうなるか。　　　　　　　　　　　　　　　　　　　　　　＿＿＿＿＿

□⑤ 木炭などの有機物を燃焼させると、発生する2種類の物質は何か。　　　　　　　　　　　　　　　　　＿＿＿＿＿

□⑥ 空気を補給しないで割りばしなどを蒸し焼きにすることを何というか。　　　　　　　　　　　　　　　　＿＿＿＿＿

水溶液の性質

□① 青色リトマス紙を赤色に変える水溶液は、何性の水溶液か。　　　　　　　　　　　　　　　　　　　　　　　　　　　_____

□② 中性の水溶液では、BTB溶液は何色になるか。　　_____

□③ アルカリ性の水溶液にフェノールフタレイン溶液を入れると、何色になるか。　　　　　　　　　　　　　_____

□④ 食塩水は何性の水溶液か。　　　　　　　　　_____

□⑤ アンモニア水は何性の水溶液か。　　　　　_____

□⑥ 砂糖水、エタノール、塩酸、石灰水、ホウ酸水、過酸化水素水のうち、中性はいくつあるか。　　　　_____

□⑦ 酸と塩基が反応してお互いの性質を打ち消す反応を何というか。　　　　　　　　　　　　　　　　　_____

□⑧ NaOH+HCl → NaCl+(　　　　　)
（　　　　　）の中には何が入るか。　　　_____

てこの規則性

□① てこで、加えた力が働く点を何というか。　_____

□② くぎ抜き、西洋ハサミ、缶切りなどは、第何種のてこに分類されるか。　　　　　　　　　　　　　_____

□③ 栓抜きは第2種のてこであるが、支点、力点、作用点はどのような順で並ぶか。　　　　　　　　_____

□④ 第3種のてこには、どのような道具があるか。　_____

電気の利用

□① 電磁誘導を利用して、ハンドルを回し電流を連続して得られるようにした装置を何というか。　　_____

□② 電気を蓄えることができる装置を何というか。　_____

□③ 同じ長さのニクロム線では、太いものと細いものとどちらが電流が流れやすいか。　　　　　　　_____

□④　同じ電圧では、ニクロム線の抵抗が大きい場合と小さ
　　い場合とどちらが発熱量が大きいか。

人の体のつくりと働き

□①　肺では気管支の先に小さな袋状の粒が多数あり、ガス
　　交換をしている。この粒を何というか。

□②　空気を吸うとき、ろっ骨は上がるが、横隔膜はどうな
　　るか。

□③　肺で呼吸する動物の仲間は何か（両生類の成体は肺呼
　　吸）。

□④　魚類は何で呼吸をするか。

□⑤　食物中の養分を分解して、体の中に取り入れやすい物
　　質に変えることを何というか。

□⑥　消化液に含まれ、養分を分解する働きを持つ物質を何
　　というか。

□⑦　だ液に含まれるアミラーゼは、デンプンを何に分解す
　　るか。

□⑧　デンプンの検出に用いられ、デンプンがあると青紫色
　　を示す試薬は何か。

□⑨　糖の検出に用いられる試薬は何か。

□⑩　タンパク質は最終的に何に分解されるか。

□⑪　脂肪は脂肪酸とモノグリセリドに分解され、再び結合
　　するが、柔毛のどこから吸収されるか。

□⑫　胆汁は脂肪の消化を助ける消化液で、胆のうに蓄えら
　　れているが、どこで作られるか。

植物の養分と水の通り道

□①　緑色植物が CO_2 と H_2O を原料に、光エネルギーに
　　よって有機物を作る働きを何というか。

□② 光合成は葉の細胞の何というところで行われるか。　　　＿＿＿＿＿＿

□③ 葉に含まれる緑色の色素を何というか。　　　＿＿＿＿＿＿

□④ 根から吸収した水と養分の通り道を何というか。　　　＿＿＿＿＿＿

□⑤ 葉で作られたデンプン（糖）の通り道を何というか。　　　＿＿＿＿＿＿

□⑥ イネやトウモロコシのように、維管束が散在する植物を何というか。　　　＿＿＿＿＿＿

□⑦ ホウセンカやヒマワリのように、維管束が輪に並ぶ植物を何というか。　　　＿＿＿＿＿＿

生物と環境

□① ある地域の生物とそれを取り巻く環境を何というか。　　　＿＿＿＿＿＿

□② 被食者と捕食者のつくる食う食われるの一連のつながりを何というか。　　　＿＿＿＿＿＿

□③ 緑色植物のような、光合成によって無機物から有機物を作る独立栄養生物を何というか。　　　＿＿＿＿＿＿

□④ 生産者が生産した有機物を直接または間接に取り込む従属栄養生物を何というか。　　　＿＿＿＿＿＿

□⑤ 生産者や消費者の枯死体、排出物などの有機物を分解する分解者はどのような生物か。　　　＿＿＿＿＿＿

土地のつくりと変化

□① 地層のできた時代を知るのに役立つ化石を何というか。　　　＿＿＿＿＿＿

□② 地層が堆積した環境を知るのに役立つ化石を何というか。　　　＿＿＿＿＿＿

□③ 三葉虫やフズリナは、何という地質時代に生息していたか。　　　＿＿＿＿＿＿

□④ アンモナイトは、何という地質時代に生息していたか。　　　＿＿＿＿＿＿

☐⑤　海底などでできた地層が、長い時間かけて押し固められて硬い岩石になったものは何か。　_____

☐⑥　主に2mm以上の粒からできている堆積岩を何というか。　_____

☐⑦　主に0.06mm以下の粒からできている堆積岩を何というか。　_____

☐⑧　流紋岩、安山岩、玄武岩のように、地表付近で急に冷え固まる火成岩を何というか。　_____

☐⑨　花崗岩、閃緑岩、斑レイ岩のように、地下深くでゆっくり冷え固まる火成岩を何というか。　_____

☐⑩　深成岩は、偏光顕微鏡で観察するとどのような組織になっていることがわかるか。　_____

月と太陽

☐①　太陽の大きさは地球の109倍であるが、地球からどれくらい離れているか。　_____

☐②　太陽は水素とヘリウムが主成分であるが、表面温度は何度くらいか。　_____

☐③　月は地球からどれくらい離れているか。　_____

☐④　地球の周りを回る月のように、惑星の周りを回る天体を何というか。　_____

☐⑤　月の表面にあり、隕石の衝突跡と推定される凸凹した穴を何というか。　_____

☐⑥　太陽の周りを回る軌道上の8つの惑星のうち、内側から4番目の惑星は何か。　_____

☐⑦　太陽のように自ら光を出して光る天体を何というか。　_____

基礎知識の確認問題一覧と解答

第3学年

物と重さ

☐	ものを形や大きさなど、その外見に着目したとき、何というか。	①	物体
☐	ものを構造や材料など、その性質に着目したとき、何というか。	②	物質
☐	地球がその中心に向かって物体をひっぱる力を何というか。	③	重力
☐	上皿天秤や電子天秤ではかることができる、場所によって大きさが変わらない物体そのものの量を何というか。	④	質量
☐	ばねはかりや自動上皿はかりではかることのできる、場所によって大きさが変わる物体に作用する重力の大きさを何というか。	⑤	重さ
☐	約100gの物体にはたらく地球上での重力の大きさは何Nか。	⑥	1N
☐	体積1cm³あたりの質量を何というか。また単位は何か。	⑦	密度、g/cm³
☐	質量が11.0g、体積が12.0cm³である0℃の氷の密度はいくらか。	⑧	0.917 g/cm³
☐	右利きの人が、上皿天秤で物体の質量をはかる時、分銅は左右どちらの皿に載せるか。	⑨	右
☐	右利きの人が、上皿天秤で一定量の薬品などをはかり取る時、分銅は左右どちらの皿に載せるか。	⑩	左
☐	上皿天秤で物体の質量をはかるときは、物体よりやや重い分銅と軽い分銅のどちらから載せた方が、効率よくはかれるか。	⑪	やや重い分銅

風とゴムの力の働き

☐	ゴムのように力を加えると変形し、力を除くと元に戻る性質を何というか。	①	弾性
☐	力を加え変形させた後、力を除いても元に戻らない性質を何というか。	②	塑性
☐	加えた力fと変形の大きさxとは比例し、f=kxで表わされる関係は何の法則というか（k：弾性定数）。	③	フックの法則

光と音の性質

☐	鏡や水面で光がはね返ることを何というか。	①	反射
☐	光が鏡で反射する時、入射角と反射角が等しくなる関係を何の法則というか。	②	反射の法則
☐	光が違う物質に進む時、光の道筋が曲がることを何というか。	③	屈折

☐	光が空気中から水中に進む時、入射角と屈折角の大小はどのような関係になるか。	④	入射角＞屈折角
☐	光が水中から空気中に進む時、入射角と屈折角の大小はどのような関係になるか。	⑤	入射角＜屈折角
☐	水やガラスから空気中へ光が進む時、屈折して空気中へ出ていく光がなくなり、全て反射することを何というか。	⑥	全反射
☐	凸レンズの軸に平行な光が凸レンズを通ると屈折して一つの点に集まる。この点を何というか。	⑦	焦点
☐	凸レンズから焦点までの距離を何というか。	⑧	焦点距離
☐	物体が焦点の外側にあるときにできる像を何というか。	⑨	実像
☐	物体が焦点距離の2倍より離れた位置にあるときにできる像は、物体より大きいか、小さいか。	⑩	小さい
☐	物体が焦点距離の2倍から焦点距離の間の位置にあるときにできる像は、物体より大きいか、小さいか。	⑪	大きい
☐	物体が焦点の内側にあるとき、レンズを通して見える像を何というか。	⑫	虚像
☐	その時にできる像は、どのような像になるか。	⑬	正立で大きい像
☐	音を出している物体に触ると、物体はどのような状態をしているか。	⑭	振動している
☐	音は海水などの水の中でも伝わるか。	⑮	伝わる
☐	音が空気中を伝わる速さは1秒間に約何mか。	⑯	330m
☐	音の大きさは、何によって決まるか。	⑰	振幅
☐	音の高さは、何によって決まるか。	⑱	振動数

磁石の性質

☐	鉄、ニッケル、コバルトなどを引き付ける性質を持つものを何というか。	①	磁石
☐	磁石の種類を3種類あげよ。	②	棒磁石、U型磁石、フェライト磁石、アルニコ磁石、方位磁針など
☐	磁石の端は、N極とS極であるが、磁石を水平に吊るして自由に動くようにすると、北を指すのは何極か。	③	N極
☐	磁石の同極間ではどのような磁力がはたらくか。	④	しりぞけ合う
☐	磁石の異極間ではどのような磁力がはたらくか。	⑤	引き合う
☐	磁極に鉄片を近づけると、鉄片は磁気誘導によって一時的に磁石になるが、この現象を何というか。	⑥	磁化

☐	地球自身を大きな磁石と考えると、南極は N 極と S 極のどちらか。	⑦	N 極
☐	磁石の力を磁力というが、磁力のはたらいている空間を何というか。	⑧	磁界
☐	磁界の中で方位磁針の N 極が指す向きを何というか。	⑨	磁界の向き
☐	磁石のまわりの磁界のようすは、磁石の回りに鉄粉をまくと曲線のようになる。これを何というか。	⑩	磁力線
☐	磁力線は、磁石の何極から出て何極に入るような向きに、矢印をつけて表わすか。	⑪	N 極から出て S 極に入る向き

電気の通り道

☐	電気の流れのことを何というか。	①	電流
☐	電流を流そうとするはたらきのことを何というか。	②	電圧
☐	電流の単位は何か。	③	A（アンペア）
☐	電圧の単位は何か。	④	V（ボルト）
☐	電流が流れる道筋のことを何というか。	⑤	回路
☐	電流の流れる向きは、＋極、−極のどちらからどちらへ流れるのか。	⑥	＋極から−極へ

身の回りの生物

☐	身近な植物を3つあげよ。	①	タンポポ、サクラ、チューリップ
☐	身近な動物を3つあげよ。	②	アリ、バッタ、ダンゴムシ
☐	昆虫の体は、3つの部分からなるが、その3つは何か。	③	頭部、胸部、腹部
☐	3対の脚や2対の翅は、どの部分に付いているか。	④	胸部
☐	卵→幼虫→成虫と変化し、ほとんど形態が変わらない成長のしかたを何というか。	⑤	不完全変態
☐	卵→幼虫→蛹→成虫と変化する成長のしかたを何というか。	⑥	完全変態
☐	不完全変態の生物を3つあげよ。	⑦	バッタ、セミ、トンボ
☐	完全変態の生物を3つあげよ。	⑧	チョウ、アリ、カブトムシ
☐	植物の体は、3つの部分からなるが、その3つは何か。	⑨	根、茎、葉
☐	サツマイモの食べる部分は、根、茎のどちらか。	⑩	根
☐	ジャガイモの食べる部分は、根、茎のどちらか。	⑪	茎

太陽と地面の様子

☐	太陽を観察する時は、何を用いると良いか。	①	遮光板
☐	太陽は東から西へ動くが、影はどのように動くか。	②	西から東へ動く

第4学年

空気と水の性質

☐	閉じ込めた空気を圧すと、体積はどうなるか。	①	小さくなる
☐	閉じ込めた水を圧すと、体積はどうなるか。	②	変化しない
☐	1㎡あたりの面を圧す力を何というか。	③	圧力
☐	圧力（N/㎡）とは、面を垂直に圧す力（N）を、何で割ったものか。	④	力が推す面積（㎡）
☐	1N/㎡は、何Pa（パスカル）か。	⑤	1Pa
☐	空気（大気）が物体に及ぼす圧力を何というか。	⑥	大気圧
☐	1気圧は、何hPaか。	⑦	1013hPa

金属、水、空気と温度

☐	金属、水、空気は温めると体積はどうなるか。	①	膨張する
☐	金属、水、空気は冷やすと体積はどうなるか。	②	収縮する
☐	金属を温めると、熱はどのように伝わるか。	③	熱した部分から広がる
☐	水や空気を温めると、熱はどのように伝わるか。	④	温めた部分が上に移動し、全体が温まる
☐	温度変化によって物質の状態が変わることを何というか。	⑤	状態変化
☐	固体が液体になる状態変化を何というか。	⑥	融解
☐	液体が固体になる状態変化を何というか。	⑦	凝固
☐	固体から液体の状態を経ずに、気体になることを何というか。	⑧	昇華
☐	物質の状態が変化するとき、質量はどうなるか。	⑨	変化しない
☐	ロウが液体から固体に状態変化するとき、体積はどうなるか。	⑩	小さくなる
☐	水が氷になると、体積は何倍になるか。	⑪	1.1倍
☐	ガスバーナーの上下2つのネジで、下のネジは何を調節するネジか。	⑫	ガスの量
☐	ガスバーナーでネジを開くとき、ネジは時計回りと反時計回りのどちらに回すか。	⑬	反時計回り
☐	アルコールランプの芯は、どれくらいの長さが出ていると良いか。	⑭	5ミリ程度

電流の働き

☐	電流の通り道が1本になっている回路を何というか。	①	直列回路
☐	電流の通り道が2本以上に枝分かれしている回路を何というか。	②	並列回路
☐	家庭用のコンセントは全て何つなぎになっているか。	③	並列つなぎ
☐	回路の途中に電球やモーターなどを入れないと、強い電流が流れ危険であるが、これを何回路というか。	④	ショート回路
☐	乾電池の極を逆にすると、モーターの回る向きはどうなるか。	⑤	反対になる
☐	検流計で電流の向きを調べるとき、針の指す向きは電流の流れる向きとどうか。	⑥	同じ
☐	直列回路の各点を流れる電流の強さは、回路の各点ではどうなるか。	⑦	どの各点でも同じ
☐	並列回路の全体を流れる電流の強さは、回路の全体ではどうなるか。	⑧	全体は各点の和
☐	直列回路の全体に加わる電圧の大きさは、回路の全体ではどうなるか。	⑨	全体は各区間の和
☐	並列回路の各区間に加わる電圧の大きさは、回路の各区間ではどうなるか。	⑩	どの区間でも同じ

人の体のつくりと運動

☐	骨や筋肉などの動物が活動するための器官を何というか。	①	運動器官
☐	骨格の働きは3つあるが、①体を動かす、②体を支えるともう一つは何か。	②	内臓の保護
☐	筋肉の働きは2つあるが、骨格を動かすことと、もう一つは何か。	③	内臓を動かす
☐	心筋のように、意志と無関係に動く筋肉を何というか。	④	不随意筋
☐	体の各部にある曲がるところで、骨と筋肉は腱でつながっているがこの部分を何というか。	⑤	関節
☐	腕を曲げたとき、内側と外側の筋肉はどうなるか。	⑥	内側は縮み、外側は緩む

季節と生物

☐	春の植物にはどのようなものがあるか、3つあげよ。	①	アブラナ、サクラ、タンポポ
☐	夏の植物にはどのようなものがあるか、3つあげよ。	②	アサガオ、ホウセンカ、ヒマワリ
☐	秋の植物にはどのようなものがあるか、3つあげよ。	③	コスモス、キク、オナモミ

☐	冬の植物にはどのようなものがあるか、2つあげよ。	④	カンツバキ、サツキ
☐	春の動物にはどのようなものがあるか、3つあげよ。	⑤	モンシロチョウ、ミツバチ、オタマジャクシ
☐	夏の動物にはどのようなものがあるか、3つあげよ。	⑥	カブトムシ、セミ、トンボ
☐	秋の動物にはどのようなものがあるか、3つあげよ。	⑦	コオロギ、カマキリ、キリギリス
☐	冬の動物にはどのようなものがあるか、2つあげよ。	⑧	タンチョウ、ハクチョウ

雨水の行方と地面の様子

☐	雨水は、地面の高い所からどこへ流れていくか。	①	低い所
☐	土の粒の大小で、水が早くしみ込むのはどちらか。	②	大きい粒

天気の様子

☐	気温を測定するために設置される、白い木材でつくられた箱を何というか。	①	百葉箱
☐	空気中の水蒸気が凝結して、窓ガラスなどに付着することを何というか。	②	結露
☐	空気中の水蒸気が凝結する温度を何というか。	③	露点
☐	空気1㎥中に含むことのできる水蒸気の最大の量を何というか。	④	飽和水蒸気量
☐	その空気に含まれる水蒸気量が、その時の気温で飽和水蒸気量に対してどれくらいの割合かを百分率で表わしたものを何というか。	⑤	湿度
☐	空気の温度が露点以下になり、空気中の水蒸気が凝結して、植物の葉などについたものを何というか。	⑥	露
☐	ヤカンから出ている湯気は、液体か気体か。	⑦	液体
☐	雲をつくる氷の粒が水滴となって、空から落ちてきたものを何というか。	⑧	雨

月と星

☐	北の空にあり、全ての星座の回転の中心にある星を何というか。	①	北極星
☐	星は1日に北極星の周りを1回転するが、1時間では何°の速さで回転しているか。	②	15°
☐	夏の大三角形の星を3つあげよ。	③	デネブ、ベガ、アルタイル

☐	冬の大三角形の星を3つあげよ。	④	プロキオン、シリウス、ベテルギウス

第5学年

物の溶け方

☐	溶質を溶媒に入れると溶液ができる現象を何というか。	①	溶解
☐	温度の上昇によって、固体が液体になる現象を何というか。	②	融解
☐	透明な媒質の中で場所により屈折率が違い、その部分にもや状の影が見える現象は何か。	③	シュリーレン現象
☐	固体を水に溶かし、再び結晶として取り出すことを何というか。	④	再結晶
☐	100gの水に溶けることのできる溶質の限度の量を何というか。	⑤	溶解度
☐	物質が溶解度まで溶けている溶けている水溶液を何というか。	⑥	飽和水溶液
☐	ろ過を行うとき、ろうとのあしはどうするのか。	⑦	ビーカーの壁につける

振り子の運動

☐	振り子が1往復にかかる時間を何というか。	①	周期
☐	振り子の周期は、おもりの重さ、糸の長さ、振れ幅のどれによって決まるか。	②	糸の長さ
☐	ガリレオが発見したこの規則は何と呼ばれているか。	③	振り子の等時性
☐	周期をT、糸の長さをl、重力加速度をgとし、この関係を式で表わすとどうなるか。	④	$T = 2\pi\sqrt{\dfrac{l}{g}}$
☐	糸の長さが2倍になると、周期の長さは何倍になるか。	⑤	$\sqrt{2}$倍

電流がつくる磁力

☐	コイルに鉄心を入れたものを何というか。	①	電磁石
☐	電磁石の力を強くするにはどうすればよいか、2つあげよ。	②	電流の強さを大きくする。コイルの巻き数を増やす。
☐	電流計は、測りたいところにどのようにつなぐか。	③	直列につなぐ
☐	電圧計は、測りたいところにどのようにつなぐか。	④	並列につなぐ
☐	電流計や電圧計は、－端子は、はじめは最小、最大どちらの端子からつなぐか。	⑤	最大の端子
☐	導線に電流を流すと同心円状に磁界ができるが、このとき電流の向きと磁界の向きの関係を何というか。	⑥	右ねじの法則

☐	コイルのまわりにできる磁界の向きは、右手の親指で表わすと、NとSのどちらの極か。	⑦	N極
☐	電流と磁界の間に働く力を連続的に取り出すようにした装置を何というか。	⑧	モーター
☐	コイルの中に磁石を出し入れすると、コイルの中の磁界が変化する現象を何というか。	⑨	電磁誘導
☐	このとき流れる電流を何というか。	⑩	誘導電流
☐	電磁誘導を利用して、電流を続けて得られるようにした装置を何というか。	⑪	発電機

植物の発芽、成長、結実

☐	植物の発芽の3条件をあげよ。	①	水、空気、温度
☐	植物の成長の3条件をあげよ。	②	日光、温度、肥料
☐	双子葉植物では、発芽の際の養分はどこに蓄えられているか。	③	子葉
☐	花のつくりは、4つの部分からなる。4つあげよ。	④	花びら、がく、おしべ、めしべ
☐	花粉がめしべの柱頭につくことを何というか。	⑤	受粉
☐	花粉管の中の精細胞と、胚珠の中の卵細胞が合体することを何というか。	⑥	受精
☐	受精後、子房と胚珠はそれぞれ何になるか。	⑦	果実、種子
☐	カボチャやヘチマのように、雄花と雌花がある花を何というか。	⑧	単性花
☐	単性花ではなく、1つの花におしべとめしべがある花を何というか。	⑨	両性花

動物の誕生

☐	メダカにヒレは何種類あるか。	①	5種類
☐	メダカの♂の見分け方は何か。	②	背びれに切れ込み、尻ビレは平行四辺形
☐	メダカの♀の見分け方は何か。	③	背びれに切れ込みなし、尻ビレは三角形
☐	メダカの交尾、産卵のための水温と日長時間の条件は何か。	④	水温18℃、日長13時間
☐	産卵後、何日程度で孵化するか。	⑤	10〜12日後
☐	ヒトでは受精から出産まで約何週間（何日）かかるか。	⑥	約40週（280日）

流れる水の働きと土地の変化

☐	川の流れの働きで、岩石が削られることを何というか。	①	侵食
☐	川の流れの働きで、上流から下流へ運ばれることを何というか。	②	運搬
☐	運搬能力の低下で、しだいに岩石が底に積もることを何というか。	③	堆積
☐	川の流れが速いのは、川の内側と外側のどちらか。	④	外側
☐	河川の中・下流域に流路に沿って発達する階段状の地形を何というか。	⑤	河岸段丘

天気の変化

☐	雲量（雲が空をおおっている割合）が0〜1のとき、その天気を何というか。	①	快晴
☐	天気図記号で◎の天気は何か。	②	くもり
☐	まわりより気圧が高いところを何というか。	③	高気圧
☐	高気圧では上昇気流と下降気流のどちらが生じているか。	④	下降気流
☐	気圧が低くなると、天気はどうなるか。	⑤	悪くなる
☐	低気圧や高気圧は、日本付近ではどの方角からどの方角へ進むか。	⑥	西から東へ
☐	気象庁の無人の地域気象観測システムを何というか。	⑦	アメダス
☐	気温や湿度がほぼ一様な大きな空気のかたまりを何というか。	⑧	気団
☐	性質の違う2つの気団がぶつかり、その間の境界面を何というか。	⑨	前線面
☐	寒気の勢力が強く、寒気が暖気の下にもぐりこんで進む前線を何というか。	⑩	寒冷前線
☐	温暖前線の付近で雨を降らせる代表的な雲は何か。	⑪	乱層雲

第6学年

燃焼の仕組み

☐	酸素が他の物質と結びつくことを何というか。	①	酸化
☐	酸化のうち、特に熱や光を激しく出す反応を何というか。	②	燃焼
☐	スチールウールを放置するとさびてくるが、さびの主な成分は何か。	③	酸化鉄
☐	スチールウールなどが酸素と化合すると質量はどうなるか。	④	増加する
☐	木炭などの有機物を燃焼させると、発生する2種類の物質は何か。	⑤	二酸化炭素と水

☐	空気を補給しないで割りばしなどを蒸し焼きにすることを何というか。	⑥	乾留

水溶液の性質

☐	青色リトマス紙を赤色に変える水溶液は、何性の水溶液か。	①	酸性
☐	中性の水溶液では、BTB溶液は何色になるか。	②	緑色
☐	アルカリ性の水溶液にフェノールフタレイン溶液を入れると、何色になるか。	③	濃いピンク色
☐	食塩水は何性の水溶液か。	④	中性
☐	アンモニア水は何性の水溶液か。	⑤	アルカリ性
☐	砂糖水、エタノール、塩酸、石灰水、ホウ酸水、過酸化水素水のうち、中性はいくつあるか。	⑥	3つ
☐	酸と塩基が反応してお互いの性質を打ち消す反応を何というか。	⑦	中和
☐	$NaOH + HCl \rightarrow NaCl + (\quad\quad)$ （　　　　）の中には何が入るか。	⑧	H_2O

てこの規則性

☐	てこで、加えた力が働く点を何というか。	①	作用点
☐	くぎ抜き、西洋ハサミ、缶切りなどは、第何種のてこに分類されるか。	②	第1種のてこ
☐	栓抜きは第2種のてこであるが、支点、力点、作用点はどのような順で並ぶか。	③	支点、作用点、力点
☐	第3種のてこには、どのような道具があるか。	④	ピンセット、はし等

電気の利用

☐	電磁誘導を利用して、ハンドルを回し電流を連続して得られるようにした装置を何というか。	①	手回し発電機
☐	電気を蓄えることができる装置を何というか。	②	コンデンサー
☐	同じ長さのニクロム線では、太いものと細いものとどちらが電流が流れやすいか。	③	太いもの
☐	同じ電圧では、ニクロム線の抵抗が大きい場合と小さい場合とどちらが発熱量が大きいか。	④	抵抗が小さい場合

人の体のつくりと働き

☐	肺では気管支の先に小さな袋状の粒が多数あり、ガス交換をしている。この粒を何というか。	①	肺胞
☐	空気を吸うとき、ろっ骨は上がるが、横隔膜はどうなるか。	②	下がる
☐	肺で呼吸する動物の仲間は何か（両生類の成体は肺呼吸）。	③	ほ乳類、鳥類、は虫類
☐	魚類は何で呼吸をするか。	④	鰓（エラ）
☐	食物中の養分を分解して、体の中に取り入れやすい物質に変えることを何というか。	⑤	消化
☐	消化液に含まれ、養分を分解する働きを持つ物質を何というか。	⑥	消化酵素
☐	だ液に含まれるアミラーゼは、デンプンを何に分解するか。	⑦	糖（麦芽糖）
☐	デンプンの検出に用いられ、デンプンがあると青紫色を示す試薬は何か。	⑧	ヨウ素液
☐	糖の検出に用いられる試薬は何か。	⑨	ベネジクト液
☐	タンパク質は最終的に何に分解されるか。	⑩	アミノ酸
☐	脂肪は脂肪酸とモノグリセリドに分解され、再び結合するが、柔毛のどこから吸収されるか。	⑪	リンパ管
☐	胆汁は脂肪の消化を助ける消化液で、胆のうに蓄えられているが、どこで作られるか。	⑫	肝臓

植物の養分と水の通り道

☐	緑色植物が CO_2 と H_2O を原料に、光エネルギーによって有機物を作る働きを何というか。	①	光合成
☐	光合成は葉の細胞の何というところで行われるか。	②	葉緑体
☐	葉に含まれる緑色の色素を何というか。	③	葉緑素（クロロフィル）
☐	根から吸収した水と養分の通り道を何というか。	④	道管
☐	葉で作られたデンプン（糖）の通り道を何というか。	⑤	師管
☐	イネやトウモロコシのように、維管束が散在する植物を何というか。	⑥	単子葉植物
☐	ホウセンカやヒマワリのように、維管束が輪に並ぶ植物を何というか。	⑦	双子葉植物

生物と環境

☐	ある地域の生物とそれを取り巻く環境を何というか。	①	生態系
☐	被食者と捕食者のつくる食う食われるの一連のつながりを何というか。	②	食物連鎖
☐	緑色植物のような、光合成によって無機物から有機物を作る独立栄養生物を何というか。	③	生産者
☐	生産者が生産した有機物を直接または間接に取り込む従属栄養生物を何というか。	④	消費者
☐	生産者や消費者の枯死体、排出物などの有機物を分解する分解者はどのような生物か。	⑤	菌類、細菌類

土地のつくりと変化

☐	地層のできた時代を知るのに役立つ化石を何というか。	①	示準化石
☐	地層が堆積した環境を知るのに役立つ化石を何というか。	②	示相化石
☐	三葉虫やフズリナは、何という地質時代に生息していたか。	③	古生代
☐	アンモナイトは、何という地質時代に生息していたか。	④	中生代
☐	海底などでできた地層が、長い時間かけて押し固められて硬い岩石になったものは何か。	⑤	堆積岩
☐	主に2mm以上の粒からできている堆積岩を何というか。	⑥	礫岩
☐	主に0.06mm以下の粒からできている堆積岩を何というか。	⑦	泥岩
☐	流紋岩、安山岩、玄武岩のように、地表付近で急に冷え固まる火成岩を何というか。	⑧	火山岩
☐	花崗岩、閃緑岩、斑レイ岩のように、地下深くでゆっくり冷え固まる火成岩を何というか。	⑨	深成岩
☐	深成岩は、偏光顕微鏡で観察するとどのような組織になっていることがわかるか。	⑩	等粒状組織

月と太陽

☐	太陽の大きさは地球の109倍であるが、地球からどれくらい離れているか。	①	1億5000万km
☐	太陽は水素とヘリウムが主成分であるが、表面温度はどれくらいか。	②	6000℃
☐	月は地球からどれくらい離れているか。	③	38万km
☐	地球の周りを回る月のように、惑星の周りを回る天体を何というか。	④	衛星

☐	月の表面にあり、隕石の衝突跡と推定される凸凹した穴を何というか。	⑤	クレーター
☐	太陽の周りを回る軌道上の8つの惑星のうち、内側から4番目の惑星は何か。	⑥	火星
☐	太陽のように自ら光を出して光る天体を何というか。	⑦	恒星

資　料
小学校学習指導要領「理科」

第1　目標

　自然に親しみ、理科の見方・考え方を働かせ、見通しをもって観察、実験を行うことなどを通して、自然の事物・現象についての問題を科学的に解決するために必要な資質・能力を次のとおり育成することを目指す。

(1)　自然の事物・現象についての理解を図り、観察、実験などに関する基本的な技能を身に付けるようにする。

(2)　観察、実験などを行い、問題解決の力を養う。

(3)　自然を愛する心情や主体的に問題解決しようとする態度を養う。

第2　各学年の目標及び内容

〔第3学年〕

1　目標

(1)　物質・エネルギー

①　物の性質、風とゴムの力の働き、光と音の性質、磁石の性質及び電気の回路についての理解を図り、観察、実験などに関する基本的な技能を身に付けるようにする。

②　物の性質、風とゴムの力の働き、光と音の性質、磁石の性質及び電気の回路について追究する中で、主に差異点や共通点を基に、問題を見いだす力を養う。

③　物の性質、風とゴムの力の働き、光と音の性質、磁石の性質及び電気の回路について追究する中で、主体的に問題解決しようとする態度を養う。

(2)　生命・地球

①　身の回りの生物、太陽と地面の様子についての理解を図り、観察、実験などに関する基本的な技能を身に付けるようにする。

②　身の回りの生物、太陽と地面の様子について追究する中で、主に差異点や共通点を基に、問題を見いだす力を養う。

③　身の回りの生物、太陽と地面の様子について追究する中で、生物を愛護する態度や主体的に問題解決しようとする態度を養う。

2　内　容

A　物質・エネルギー

(1) 物と重さ

　物の性質について、形や体積に着目して、重さを比較しながら調べる活動を通して、次の事項を身に付けることができるよう指導する。

　　ア　次のことを理解するとともに、観察、実験などに関する技能を身に付けること。

　　（ア）物は、形が変わっても重さは変わらないこと。

　　（イ）物は、体積が同じでも重さは違うことがあること。

　　イ　物の形や体積と重さとの関係について追究する中で、差異点や共通点を基に、物の性質についての問題を見いだし、表現すること。

(2) 風とゴムの力の働き

　風とゴムの力の働きについて、力と物の動く様子に着目して、それらを比較しながら調べる活動を通して、次の事項を身に付けることができるよう指導する。

　　ア　次のことを理解するとともに、観察、実験などに関する技能を身に付けること。

　　（ア）風の力は、物を動かすことができること。また、風の力の大きさを変えると、物が動く様子も変わること。

　　（イ）ゴムの力は、物を動かすことができること。また、ゴムの力の大きさを変えると、物が動く様子も変わること。

　　イ　風とゴムの力で物が動く様子について追究する中で、差異点や共通点を基に、風とゴムの力の働きについての問題を見いだし、表現すること。

(3) 光と音の性質

　光と音の性質について、光を当てたときの明るさや暖かさ、音を出したときの震え方に着目して、光の強さや音の大きさを変えたときの違いを比較しながら調べる活動を通して、次の事項を身に付けることができるよう指導する。

　　ア　次のことを理解するとともに、観察、実験などに関する技能を身に付けること。

　　（ア）日光は直進し、集めたり反射させたりできること。

　　（イ）物に日光を当てると、物の明るさや暖かさが変わること。

　　（ウ）物から音が出たり伝わったりするとき、物は震えていること。また、音の大きさが変わるとき物の震え方が変わること。

　　イ　光を当てたときの明るさや暖かさの様子、音を出したときの震え方の様子について追究する中で、差異点や共通点を基に、光と音の性質についての問題を見いだし、表現すること。

(4) 磁石の性質

　磁石の性質について、磁石を身の回りの物に近付けたときの様子に着目して、それらを比較しながら調べる活動を通して、次の事項を身に付けることができるよう指導す

る。

　ア　次のことを理解するとともに、観察、実験などに関する技能を身に付けること。

　　（ア）磁石に引き付けられる物と引き付けられない物があること。また、磁石に近
　　　　付けると磁石になる物があること。

　　（イ）磁石の異極は引き合い、同極は退け合うこと。

　イ　磁石を身の回りの物に近付けたときの様子について追究する中で、差異点や共通
　　点を基に、磁石の性質についての問題を見いだし、表現すること。

(5)　電気の通り道

　電気の回路について、乾電池と豆電球などのつなぎ方と乾電池につないだ物の様子に
着目して、電気を通すときと通さないときのつなぎ方を比較しながら調べる活動を通し
て、次の事項を身に付けることができるよう指導する。

　ア　次のことを理解するとともに、観察、実験などに関する技能を身に付けること。

　　（ア）電気を通すつなぎ方と通さないつなぎ方があること。

　　（イ）電気を通す物と通さない物があること。

　イ　乾電池と豆電球などのつなぎ方と乾電池につないだ物の様子について追究する中
　　で、差異点や共通点を基に、電気の回路についての問題を見いだし、表現すること。

B　生命・地球

(1)　身の回りの生物

　身の回りの生物について、探したり育てたりする中で、それらの様子や周辺の環境、
成長の過程や体のつくりに着目して、それらを比較しながら調べる活動を通して、次の
事項を身に付けることができるよう指導する。

　ア　次のことを理解するとともに、観察、実験などに関する技能を身に付けること。

　　（ア）生物は、色、形、大きさなど、姿に違いがあること。また、周辺の環境と関
　　　　わって生きていること。

　　（イ）昆虫の育ち方には一定の順序があること。また、成虫の体は頭、胸及び腹か
　　　　らできていること。

　　（ウ）植物の育ち方には一定の順序があること。また、その体は根、茎及び葉から
　　　　できていること。

　イ　身の回りの生物の様子について追究する中で、差異点や共通点を基に、身の回り
　　の生物と環境との関わり、昆虫や植物の成長のきまりや体のつくりについての問題
　　を見いだし、表現すること。

(2)　太陽と地面の様子

　太陽と地面の様子との関係について、日なたと日陰の様子に着目して、それらを比較しながら調べる活動を通して、次の事項を身に付けることができるよう指導する。

　　ア　次のことを理解するとともに、観察、実験などに関する技能を身に付けること。

　　（ア）日陰は太陽の光を遮るとでき、日陰の位置は太陽の位置の変化によって変わること。

　　（イ）地面は太陽によって暖められ、日なたと日陰では地面の暖かさや湿り気に違いがあること。

　　イ　日なたと日陰の様子について追究する中で、差異点や共通点を基に、太陽と地面の様子との関係についての問題を見いだし、表現すること。

3　内容の取扱い

(1)　内容の「A物質・エネルギー」の指導に当たっては、3種類以上のものづくりを行うものとする。

(2)　内容の「A物質・エネルギー」の（4）のアの（ア）については、磁石が物を引き付ける力は、磁石と物の距離によって変わることにも触れること。

(3)　内容の「B生命・地球」の（1）については、次のとおり取り扱うものとする。

　　ア　アの（イ）及び（ウ）については、飼育、栽培を通して行うこと。

　　イ　アの（ウ）の「植物の育ち方」については、夏生一年生の双子葉植物を扱うこと。

(4)　内容の「B生命・地球」の（2）のアの（ア）の「太陽の位置の変化」については、東から南、西へと変化することを取り扱うものとする。また、太陽の位置を調べるときの方位は東、西、南、北を扱うものとする。

〔第4学年〕

1　目　標

(1)　物質・エネルギー

①　空気、水及び金属の性質、電流の働きについての理解を図り、観察、実験などに関する基本的な技能を身に付けるようにする。

②　空気、水及び金属の性質、電流の働きについて追究する中で、主に既習の内容や生活経験を基に、根拠のある予想や仮説を発想する力を養う。

③　空気、水及び金属の性質、電流の働きについて追究する中で、主体的に問題解決しようとする態度を養う。

(2)　生命・地球

①　人の体のつくりと運動、動物の活動や植物の成長と環境との関わり、雨水の行方と地面の様子、気象現象、月や星についての理解を図り、観察、実験などに関する基本的な技能を身に付けるようにする。

②　人の体のつくりと運動、動物の活動や植物の成長と環境との関わり、雨水の行方と地面の様子、気象現象、月や星について追究する中で、主に既習の内容や生活経験を基に、根拠のある予想や仮説を発想する力を養う。

③　人の体のつくりと運動、動物の活動や植物の成長と環境との関わり、雨水の行方と地面の様子、気象現象、月や星について追究する中で、生物を愛護する態度や主体的に問題解決しようとする態度を養う。

2　内　容

A　物質・エネルギー

(1)　空気と水の性質

　空気と水の性質について、体積や圧し返す力の変化に着目して、それらと圧す力とを関係付けて調べる活動を通して、次の事項を身に付けることができるよう指導する。

　　ア　次のことを理解するとともに、観察、実験などに関する技能を身に付けること。

　　（ア）閉じ込めた空気を圧すと、体積は小さくなるが、圧し返す力は大きくなること。

　　（イ）閉じ込めた空気は圧し縮められるが、水は圧し縮められないこと。

　　イ　空気と水の性質について追究する中で、既習の内容や生活経験を基に、空気と水の体積や圧し返す力の変化と圧す力との関係について、根拠のある予想や仮説を発想し、表現すること。

(2)　金属、水、空気と温度

　金属、水及び空気の性質について、体積や状態の変化、熱の伝わり方に着目して、それらと温度の変化とを関係付けて調べる活動を通して、次の事項を身に付けることができるよう指導する。

　　ア　次のことを理解するとともに、観察、実験などに関する技能を身に付けること。

　　（ア）金属、水及び空気は、温めたり冷やしたりすると、それらの体積が変わるが、その程度には違いがあること。

　　（イ）金属は熱せられた部分から順に温まるが、水や空気は熱せられた部分が移動して全体が温まること。

　　（ウ）水は、温度によって水蒸気や氷に変わること。また、水が氷になると体積が増えること。

イ　金属、水及び空気の性質について追究する中で、既習の内容や生活経験を基に、金属、水及び空気の温度を変化させたときの体積や状態の変化、熱の伝わり方について、根拠のある予想や仮説を発想し、表現すること。

(3) 電流の働き

電流の働きについて、電流の大きさや向きと乾電池につないだ物の様子に着目して、それらを関係付けて調べる活動を通して、次の事項を身に付けることができるよう指導する。

ア　次のことを理解するとともに、観察、実験などに関する技能を身に付けること。

(ア) 乾電池の数やつなぎ方を変えると、電流の大きさや向きが変わり、豆電球の明るさやモーターの回り方が変わること。

イ　電流の働きについて追究する中で、既習の内容や生活経験を基に、電流の大きさや向きと乾電池につないだ物の様子との関係について、根拠のある予想や仮説を発想し、表現すること。

B　生命・地球

(1) 人の体のつくりと運動

人や他の動物について、骨や筋肉のつくりと働きに着目して、それらを関係付けて調べる活動を通して、次の事項を身に付けることができるよう指導する。

ア　次のことを理解するとともに、観察、実験などに関する技能を身に付けること。

(ア) 人の体には骨と筋肉があること。

(イ) 人が体を動かすことができるのは、骨、筋肉の働きによること。

イ　人や他の動物について追究する中で、既習の内容や生活経験を基に、人や他の動物の骨や筋肉のつくりと働きについて、根拠のある予想や仮説を発想し、表現すること。

(2) 季節と生物

身近な動物や植物について、探したり育てたりする中で、動物の活動や植物の成長と季節の変化に着目して、それらを関係付けて調べる活動を通して、次の事項を身に付けることができるよう指導する。

ア　次のことを理解するとともに、観察、実験などに関する技能を身に付けること。

(ア) 動物の活動は、暖かい季節、寒い季節などによって違いがあること。

(イ) 植物の成長は、暖かい季節、寒い季節などによって違いがあること。

イ　身近な動物や植物について追究する中で、既習の内容や生活経験を基に、季節ごとの動物の活動や植物の成長の変化について、根拠のある予想や仮説を発想し、表

現すること。

(3)　雨水の行方と地面の様子

　雨水の行方と地面の様子について、流れ方やしみ込み方に着目して、それらと地面の傾きや土の粒の大きさとを関係付けて調べる活動を通して、次の事項を身に付けることができるよう指導する。

　　ア　次のことを理解するとともに、観察、実験などに関する技能を身に付けること。

　　　（ア）水は、高い場所から低い場所へと流れて集まること。

　　　（イ）水のしみ込み方は、土の粒の大きさによって違いがあること。

　　イ　雨水の行方と地面の様子について追究する中で、既習の内容や生活経験を基に、雨水の流れ方やしみ込み方と地面の傾きや土の粒の大きさとの関係について、根拠のある予想や仮説を発想し、表現すること。

(4)　天気の様子

　天気や自然界の水の様子について、気温や水の行方に着目して、それらと天気の様子や水の状態変化とを関係付けて調べる活動を通して、次の事項を身に付けることができるよう指導する。

　　ア　次のことを理解するとともに、観察、実験などに関する技能を身に付けること。

　　　（ア）天気によって１日の気温の変化の仕方に違いがあること。

　　　（イ）水は、水面や地面などから蒸発し、水蒸気になって空気中に含まれていくこと。また、空気中の水蒸気は、結露して再び水になって現れることがあること。

　　イ　天気や自然界の水の様子について追究する中で、既習の内容や生活経験を基に、天気の様子や水の状態変化と気温や水の行方との関係について、根拠のある予想や仮説を発想し、表現すること。

(5)　月と星

　月や星の特徴について、位置の変化や時間の経過に着目して、それらを関係付けて調べる活動を通して、次の事項を身に付けることができるよう指導する。

　　ア　次のことを理解するとともに、観察、実験などに関する技能を身に付けること。

　　　（ア）月は日によって形が変わって見え、１日のうちでも時刻によって位置が変わること。

　　　（イ）空には、明るさや色の違う星があること。

　　　（ウ）星の集まりは、１日のうちでも時刻によって、並び方は変わらないが、位置が変わること。

　　イ　月や星の特徴について追究する中で、既習の内容や生活経験を基に、月や星の位置の変化と時間の経過との関係について、根拠のある予想や仮説を発想し、表現す

　ること。

3　内容の取扱い

(1)　内容の「A物質・エネルギー」の (3) のアの（ア）については、直列つなぎと並列つなぎを扱うものとする。

(2)　内容の「A物質・エネルギー」の指導に当たっては、2種類以上のものづくりを行うものとする。

(3)　内容の「B生命・地球」の (1) のアの（イ）については、関節の働きを扱うものとする。

(4)　内容の「B生命・地球」の (2) については、1年を通じて動物の活動や植物の成長をそれぞれ2種類以上観察するものとする。

〔第5学年〕

1　目　標

(1)　物質・エネルギー

①　物の溶け方、振り子の運動、電流がつくる磁力についての理解を図り、観察、実験などに関する基本的な技能を身に付けるようにする。

②　物の溶け方、振り子の運動、電流がつくる磁力について追究する中で、主に予想や仮説を基に、解決の方法を発想する力を養う。

③　物の溶け方、振り子の運動、電流がつくる磁力について追究する中で、主体的に問題解決しようとする態度を養う。

(2)　生命・地球

①　生命の連続性、流れる水の働き、気象現象の規則性についての理解を図り、観察、実験などに関する基本的な技能を身に付けるようにする。

②　生命の連続性、流れる水の働き、気象現象の規則性について追究する中で、主に予想や仮説を基に、解決の方法を発想する力を養う。

③　生命の連続性、流れる水の働き、気象現象の規則性について追究する中で、生命を尊重する態度や主体的に問題解決しようとする態度を養う。

2　内　容

A　物質・エネルギー

(1)　物の溶け方

　物の溶け方について、溶ける量や様子に着目して、水の温度や量などの条件を制御しながら調べる活動を通して、次の事項を身に付けることができるよう指導する。

　　ア　次のことを理解するとともに、観察、実験などに関する技能を身に付けること。

　　（ア）物が水に溶けても、水と物とを合わせた重さは変わらないこと。

　　（イ）物が水に溶ける量には、限度があること。

　　（ウ）物が水に溶ける量は水の温度や量、溶ける物によって違うこと。また、この性質を利用して、溶けている物を取り出すことができること。

　　イ　物の溶け方について追究する中で、物の溶け方の規則性についての予想や仮説を基に、解決の方法を発想し、表現すること。

（2）　振り子の運動

　　振り子の運動の規則性について、振り子が1往復する時間に着目して、おもりの重さや振り子の長さなどの条件を制御しながら調べる活動を通して、次の事項を身に付けることができるよう指導する。

　　ア　次のことを理解するとともに、観察、実験などに関する技能を身に付けること。

　　（ア）振り子が1往復する時間は、おもりの重さなどによっては変わらないが、振り子の長さによって変わること。

　　イ　振り子の運動の規則性について追究する中で、振り子が1往復する時間に関係する条件についての予想や仮説を基に、解決の方法を発想し、表現すること。

（3）　電流がつくる磁力

　　電流がつくる磁力について、電流の大きさや向き、コイルの巻数などに着目して、それらの条件を制御しながら調べる活動を通して、次の事項を身に付けることができるよう指導する。

　　ア　次のことを理解するとともに、観察、実験などに関する技能を身に付けること。

　　（ア）電流の流れているコイルは、鉄心を磁化する働きがあり、電流の向きが変わると、電磁石の極も変わること。

　　（イ）電磁石の強さは、電流の大きさや導線の巻数によって変わること。

　　イ　電流がつくる磁力について追究する中で、電流がつくる磁力の強さに関係する条件についての予想や仮説を基に、解決の方法を発想し、表現すること。

B　生命・地球

（1）　植物の発芽、成長、結実

　　植物の育ち方について、発芽、成長及び結実の様子に着目して、それらに関わる条件を制御しながら調べる活動を通して、次の事項を身に付けることができるよう指導する。

ア　次のことを理解するとともに、観察、実験などに関する技能を身に付けること。

　　（ア）植物は、種子の中の養分を基にして発芽すること。

　（イ）植物の発芽には、水、空気及び温度が関係していること。

　（ウ）植物の成長には、日光や肥料などが関係していること。

　（エ）花にはおしべやめしべなどがあり、花粉がめしべの先に付くとめしべのもと
　　　が実になり、実の中に種子ができること。

　イ　植物の育ち方について追究する中で、植物の発芽、成長及び結実とそれらに関わ
　　る条件についての予想や仮説を基に、解決の方法を発想し、表現すること。

（2）　動物の誕生

　動物の発生や成長について、魚を育てたり人の発生についての資料を活用したりする
中で、卵や胎児の様子に着目して、時間の経過と関係付けて調べる活動を通して、次の
事項を身に付けることができるよう指導する。

　ア　次のことを理解するとともに、観察、実験などに関する技能を身に付けること。

　（ア）魚には雌雄があり、生まれた卵は日がたつにつれて中の様子が変化してかえ
　　　ること。

　（イ）人は、母体内で成長して生まれること。

　イ　動物の発生や成長について追究する中で、動物の発生や成長の様子と経過につい
　　ての予想や仮説を基に、解決の方法を発想し、表現すること。

（3）　流れる水の働きと土地の変化

　流れる水の働きと土地の変化について、水の速さや量に着目して、それらの条件を制
御しながら調べる活動を通して、次の事項を身に付けることができるよう指導する。

　ア　次のことを理解するとともに、観察、実験などに関する技能を身に付けること。

　（ア）流れる水には、土地を侵食したり、石や土などを運搬したり堆積させたりす
　　　る働きがあること。

　（イ）川の上流と下流によって、川原の石の大きさや形に違いがあること。

　（ウ）雨の降り方によって、流れる水の速さや量は変わり、増水により土地の様子
　　　が大きく変化する場合があること。

　イ　流れる水の働きについて追究する中で、流れる水の働きと土地の変化との関係に
　　ついての予想や仮説を基に、解決の方法を発想し、表現すること。

（4）　天気の変化

　天気の変化の仕方について、雲の様子を観測したり、映像などの気象情報を活用した
りする中で、雲の量や動きに着目して、それらと天気の変化とを関係付けて調べる活動
を通して、次の事項を身に付けることができるよう指導する。

　ア　次のことを理解するとともに、観察、実験などに関する技能を身に付けること。

　（ア）天気の変化は、雲の量や動きと関係があること。

（イ）天気の変化は、映像などの気象情報を用いて予想できること。

　イ　天気の変化の仕方について追究する中で、天気の変化の仕方と雲の量や動きとの関係についての予想や仮説を基に、解決の方法を発想し、表現すること。

3　内容の取扱い

(1)　内容の「A物質・エネルギー」の指導に当たっては、2種類以上のものづくりを行うものとする。

(2)　内容の「A物質・エネルギー」の (1) については、水溶液の中では、溶けている物が均一に広がることにも触れること。

(3)　内容の「B生命・地球」の (1) については、次のとおり取り扱うものとする。

　ア　アの (ア) の「種子の中の養分」については、でんぷんを扱うこと。

　イ　アの (エ) については、おしべ、めしべ、がく及び花びらを扱うこと。また、受粉については、風や昆虫などが関係していることにも触れること。

(4)　内容の「B生命・地球」の (2) のアの (イ) については、人の受精に至る過程は取り扱わないものとする。

(5)　内容の「B生命・地球」の (3) のアの (ウ) については、自然災害についても触れること。

(6)　内容の「B生命・地球」の (4) のアの (イ) については、台風の進路による天気の変化や台風と降雨との関係及びそれに伴う自然災害についても触れること。

〔第6学年〕

1　目　標

(1)　物質・エネルギー

①　燃焼の仕組み、水溶液の性質、てこの規則性及び電気の性質や働きについての理解を図り、観察、実験などに関する基本的な技能を身に付けるようにする。

②　燃焼の仕組み、水溶液の性質、てこの規則性及び電気の性質や働きについて追究する中で、主にそれらの仕組みや性質、規則性及び働きについて、より妥当な考えをつくりだす力を養う。

③　燃焼の仕組み、水溶液の性質、てこの規則性及び電気の性質や働きについて追究する中で、主体的に問題解決しようとする態度を養う。

(2)　生命・地球

①　生物の体のつくりと働き、生物と環境との関わり、土地のつくりと変化、月の形の見え方と太陽との位置関係についての理解を図り、観察、実験などに関する基本的な

技能を身に付けるようにする。

② 生物の体のつくりと働き、生物と環境との関わり、土地のつくりと変化、月の形の見え方と太陽との位置関係について追究する中で、主にそれらの働きや関わり、変化及び関係について、より妥当な考えをつくりだす力を養う。

③ 生物の体のつくりと働き、生物と環境との関わり、土地のつくりと変化、月の形の見え方と太陽との位置関係について追究する中で、生命を尊重する態度や主体的に問題解決しようとする態度を養う。

2 内 容

A 物質・エネルギー

(1) 燃焼の仕組み

燃焼の仕組みについて、空気の変化に着目して、物の燃え方を多面的に調べる活動を通して、次の事項を身に付けることができるよう指導する。

ア 次のことを理解するとともに、観察、実験などに関する技能を身に付けること。

（ア）植物体が燃えるときには、空気中の酸素が使われて二酸化炭素ができること。

イ 燃焼の仕組みについて追究する中で、物が燃えたときの空気の変化について、より妥当な考えをつくりだし、表現すること。

(2) 水溶液の性質

水溶液について、溶けている物に着目して、それらによる水溶液の性質や働きの違いを多面的に調べる活動を通して、次の事項を身に付けることができるよう指導する。

ア 次のことを理解するとともに、観察、実験などに関する技能を身に付けること。

（ア）水溶液には、酸性、アルカリ性及び中性のものがあること。

（イ）水溶液には、気体が溶けているものがあること。

（ウ）水溶液には、金属を変化させるものがあること。

イ 水溶液の性質や働きについて追究する中で、溶けているものによる性質や働きの違いについて、より妥当な考えをつくりだし、表現すること。

(3) てこの規則性

てこの規則性について、力を加える位置や力の大きさに着目して、てこの働きを多面的に調べる活動を通して、次の事項を身に付けることができるよう指導する。

ア 次のことを理解するとともに、観察、実験などに関する技能を身に付けること。

（ア）力を加える位置や力の大きさを変えると、てこを傾ける働きが変わり、てこがつり合うときにはそれらの間に規則性があること。

（イ）身の回りには、てこの規則性を利用した道具があること。

　　イ　てこの規則性について追究する中で、力を加える位置や力の大きさとてこの働き
　　　との関係について、より妥当な考えをつくりだし、表現すること。
（4）　電気の利用
　　発電や蓄電、電気の変換について、電気の量や働きに着目して、それらを多面的に調
　べる活動を通して、次の事項を身に付けることができるよう指導する。
　　ア　次のことを理解するとともに、観察、実験などに関する技能を身に付けること。
　　（ア）電気は、つくりだしたり蓄えたりすることができること。
　　（イ）電気は、光、音、熱、運動などに変換することができること。
　　（ウ）身の回りには、電気の性質や働きを利用した道具があること。
　　イ　電気の性質や働きについて追究する中で、電気の量と働きとの関係、発電や蓄電、
　　　電気の変換について、より妥当な考えをつくりだし、表現すること。

B　生命・地球
（1）　人の体のつくりと働き
　　人や他の動物について、体のつくりと呼吸、消化、排出及び循環の働きに着目して、
　生命を維持する働きを多面的に調べる活動を通して、次の事項を身に付けることができ
　るよう指導する。
　　ア　次のことを理解するとともに、観察、実験などに関する技能を身に付けること。
　　（ア）体内に酸素が取り入れられ、体外に二酸化炭素などが出されていること。
　　（イ）食べ物は、口、胃、腸などを通る間に消化、吸収され、吸収されなかった物
　　　　は排出されること。
　　（ウ）血液は、心臓の働きで体内を巡り、養分、酸素及び二酸化炭素などを運んで
　　　　いること。
　　（エ）体内には、生命活動を維持するための様々な臓器があること。
　　イ　人や他の動物の体のつくりと働きについて追究する中で、体のつくりと呼吸、消
　　　化、排出及び循環の働きについて、より妥当な考えをつくりだし、表現すること。
（2）　植物の養分と水の通り道
　　植物について、その体のつくり、体内の水などの行方及び葉で養分をつくる働きに着
　目して、生命を維持する働きを多面的に調べる活動を通して、次の事項を身に付けるこ
　とができるよう指導する。
　　ア　次のことを理解するとともに、観察、実験などに関する技能を身に付けること。
　　（ア）植物の葉に日光が当たるとでんぷんができること。
　　（イ）根、茎及び葉には、水の通り道があり、根から吸い上げられた水は主に葉か

ら蒸散により排出されること。

イ　植物の体のつくりと働きについて追究する中で、体のつくり、体内の水などの行
　　方及び葉で養分をつくる働きについて、より妥当な考えをつくりだし、表現するこ
　　と。

(3)　生物と環境

　生物と環境について、動物や植物の生活を観察したり資料を活用したりする中で、生
物と環境との関わりに着目して、それらを多面的に調べる活動を通して、次の事項を身
に付けることができるよう指導する。

イ　次のことを理解するとともに、観察、実験などに関する技能を身に付けること。

（ア）生物は、水及び空気を通して周囲の環境と関わって生きていること。

（イ）生物の間には、食う食われるという関係があること。

（ウ）人は、環境と関わり、工夫して生活していること。

イ　生物と環境について追究する中で、生物と環境との関わりについて、より妥当な
　　考えをつくりだし、表現すること。

(4)　土地のつくりと変化

　土地のつくりと変化について、土地やその中に含まれる物に着目して、土地のつくり
やでき方を多面的に調べる活動を通して、次の事項を身に付けることができるよう指導
する。

ア　次のことを理解するとともに、観察、実験などに関する技能を身に付けること。

（ア）土地は、礫、砂、泥、火山灰などからできており、層をつくって広がってい
　　　るものがあること。また、層には化石が含まれているものがあること。

（イ）地層は、流れる水の働きや火山の噴火によってできること。

（ウ）土地は、火山の噴火や地震によって変化すること。

イ　土地のつくりと変化について追究する中で、土地のつくりやでき方について、よ
　　り妥当な考えをつくりだし、表現すること。

(5)　月と太陽

　月の形の見え方について、月と太陽の位置に着目して、それらの位置関係を多面的に
調べる活動を通して、次の事項を身に付けることができるよう指導する。

ア　次のことを理解するとともに、観察、実験などに関する技能を身に付けること。

（ア）月の輝いている側に太陽があること。また、月の形の見え方は、太陽と月と
　　　の位置関係によって変わること。

イ　月の形の見え方について追究する中で、月の位置や形と太陽の位置との関係につ
　　いて、より妥当な考えをつくりだし、表現すること。

3　内容の取扱い

(1)　内容の「A物質・エネルギー」の指導に当たっては、2種類以上のものづくりを行うものとする。

(2)　内容の「A物質・エネルギー」の (4) のアの (ア) については、電気をつくりだす道具として、手回し発電機、光電池などを扱うものとする。

(3)　内容の「B生命・地球」の (1) については、次のとおり取り扱うものとする。

　ア　アの (ウ) については、心臓の拍動と脈拍とが関係することにも触れること。

　イ　アの (エ) については、主な臓器として、肺、胃、小腸、大腸、肝臓、腎臓、心臓を扱うこと。

(4)　内容の「B生命・地球」の (3) については、次のとおり取り扱うものとする。

　ア　アの (ア) については、水が循環していることにも触れること。

　イ　アの (イ) については、水中の小さな生物を観察し、それらが魚などの食べ物になっていることに触れること。

(5)　内容の「B生命・地球」の (4) については、次のとおり取り扱うものとする。

　ア　アの (イ) については、流れる水の働きでできた岩石として礫岩、砂岩、泥岩を扱うこと。

　イ　アの (ウ) については、自然災害についても触れること。

(6)　内容の「B生命・地球」の (5) のアの (ア) については、地球から見た太陽と月との位置関係で扱うものとする。

第3　指導計画の作成と内容の取扱い

1　指導計画の作成に当たっては、次の事項に配慮するものとする。

(1)　単元など内容や時間のまとまりを見通して、その中で育む資質・能力の育成に向けて、児童の主体的・対話的で深い学びの実現を図るようにすること。その際、理科の学習過程の特質を踏まえ、理科の見方・考え方を働かせ、見通しをもって観察、実験を行うことなどの、問題を科学的に解決しようとする学習活動の充実を図ること。

(2)　各学年で育成を目指す思考力、判断力、表現力等については、該当学年において育成することを目指す力のうち、主なものを示したものであり、実際の指導に当たっては、他の学年で掲げている力の育成についても十分に配慮すること。

(3)　障害のある児童などについては、学習活動を行う場合に生じる困難さに応じた指導内容や指導方法の工夫を計画的、組織的に行うこと。

(4)　第1章総則の第1の2の（2）に示す道徳教育の目標に基づき、道徳科などとの関連を考慮しながら、第3章特別の教科道徳の第2に示す内容について、理科の特質に応じて適切な指導をすること。

2　第2の内容の取扱いについては、次の事項に配慮するものとする。
(1)　問題を見いだし、予想や仮説、観察、実験などの方法について考えたり説明したりする学習活動、観察、実験の結果を整理し考察する学習活動、科学的な言葉や概念を使用して考えたり説明したりする学習活動などを重視することによって、言語活動が充実するようにすること。
(2)　観察、実験などの指導に当たっては、指導内容に応じてコンピュータや情報通信ネットワークなどを適切に活用できるようにすること。また、第1章総則の第3の1の（3）のイに掲げるプログラミングを体験しながら論理的思考力を身に付けるための学習活動を行う場合には、児童の負担に配慮しつつ、例えば第2の各学年の内容の〔第6学年〕の「A物質・エネルギー」の（4）における電気の性質や働きを利用した道具があることを捉える学習など、与えた条件に応じて動作していることを考察し、更に条件を変えることにより、動作が変化することについて考える場面で取り扱うものとする。
(3)　生物、天気、川、土地などの指導に当たっては、野外に出掛け地域の自然に親しむ活動や体験的な活動を多く取り入れるとともに、生命を尊重し、自然環境の保全に寄与する態度を養うようにすること。
(4)　天気、川、土地などの指導に当たっては、災害に関する基礎的な理解が図られるようにすること。
(5)　個々の児童が主体的に問題解決の活動を進めるとともに、日常生活や他教科等との関連を図った学習活動、目的を設定し、計測して制御するという考え方に基づいた学習活動が充実するようにすること。
(6)　博物館や科学学習センターなどと連携、協力を図りながら、それらを積極的に活用すること。

3　観察、実験などの指導に当たっては、事故防止に十分留意すること。また、環境整備に十分配慮するとともに、使用薬品についても適切な措置をとるよう配慮すること。

図1　小学校・中学校理科の「エネルギー」「粒子」を柱とした内容の構成

校種	学年	エネルギー		
		エネルギーの捉え方	エネルギーの変換と保存	エネルギー資源の有効利用
小学校	第3学年	**風とゴムの力の働き** ・風の力の働き ・ゴムの力の働き　**光と音の性質** ・光の反射・集光 ・光の当て方と明るさや暖かさ ・音の伝わり方と大小	**磁石の性質** ・磁石に引きつけられる物 ・異極と同極　**電気の通り道** ・電気を通すつなぎ方 ・電気を通す物	
	第4学年		**電気の働き** ・乾電池の数とつなぎ方	
	第5学年	**振り子の運動** ・振り子の運動	**電流がつくる磁力** ・鉄心の磁化、極の変化 ・電磁石の強さ	
	第6学年	**てこの規則性** ・てこのつり合いの規則性 ・てこの利用	**電気の利用** ・発電（発電池（小4から移行）を含む）蓄電 ・電気の変換 ・電気の利用	
中学校	第1学年	**力の働き** ・力の働き ・2力のつり合い（中3から移行）を含む　**光と音** ・光の反射・屈折（光の色を含む） ・凸レンズの働き ・音の性質		
	第2学年	**電流** ・回路と電流・電圧 ・電気とそのエネルギー（電気による発熱（小6から移行）を含む） ・静電気と電流（電子、放射線を含む） **電流と磁界** ・電流がつくる磁界 ・磁界中の電流が受ける力 ・電磁誘導と発電		
	第3学年	**力のつり合いと合成・分解** ・水中の物体に働く力（水圧、浮力（中1から移行）を含む） ・力の合成・分解 **運動の規則性** ・運動の速さと向き ・力と運動 **力学的エネルギー** ・仕事とエネルギー ・力学的エネルギーの保存		
			エネルギーと物質 ・エネルギーとエネルギー資源（放射線を含む） ・様々な物質とその利用（プラスチック（中1から移行）を含む） ・科学技術の発展	
				自然環境の保全と科学技術の利用 ・自然環境の保全と科学技術の利用（第2分野と共通）

実線は新規項目。破線は移行項目。

粒　子			
粒子の存在	粒子の結合	粒子の保存性	粒子のもつエネルギー
		物と重さ ・形と重さ ・体積と重さ	
空気と水の性質 ・空気の圧縮 ・水の圧縮			金属、水、空気と温度 ・温度と体積の変化 ・温まり方の違い ・水の三態変化
		物の溶け方（溶けている物の均一性（中1から移行）を含む） ・重さの保存 ・物が水に溶ける量の限度 ・物が水に溶ける量の変化	
	燃焼の仕組み ・燃焼の仕組み	水溶液の性質 ・酸性、アルカリ性、中性 ・気体が溶けている水溶液 ・金属を変化させる水溶液	
物質のすがた ・身の回りの物質とその性質 ・気体の発生と性質		水溶液 ・水溶液	状態変化 ・状態変化と熱 ・物質の融点と沸点
物質の成り立ち ・物質の成り立ち ・原子・分子		化学変化 ・化学変化 ・化学変化における酸化と還元 ・化学変化と熱	
		化学変化と物質の質量 ・化学変化と質量の保存 ・質量変化の規則性	
水溶液とイオン ・原子の成り立ちとイオン ・酸・アルカリ ・中和と塩			
化学変化と電池 ・金属イオン ・化学変化と電池			

図2　小学校・中学校理科の「生命」「地球」を柱とした内容の構成

校種	学年	生命		
		生物の構造と機能	生命の連続性	生物と環境の関わり
小学校	第3学年	身の回りの生物 ・身の回りの生物と環境の関わり ・昆虫の成長と体のつくり ・植物の成長と体のつくり		
	第4学年	人の体のつくりと運動 ・骨と筋肉 ・骨と筋肉の働き	季節と生物 ・動物の活動と季節 ・植物の成長と季節	
	第5学年		植物の発芽、成長、結実 ・種子の中の養分 ・発芽の条件 ・成長の条件 ・植物の受粉、結実　植物の誕生 ・卵の中の成長 ・母体内の成長	
	第6学年	人の体のつくりと働き ・呼吸 ・消化・吸収 ・血液循環 ・主な臓器の存在　植物の養分と水の通り道 ・でんぷんのでき方 ・水の通り道		生物と環境 ・生物と水、空気との関わり ・食べ物による生物の関係（水中の小さな生物（小5から移行）を含む） ・人と環境
中学校	第1学年	生物の観察と分類の仕方 ・生物の観察 　生物の特徴と分類の仕方 生物の体の共通点と相違点 ・植物の体の共通点と相違点 ・動物の体の共通点と相違点 （中2から移行）		
	第2学年	生物と細胞 ・生物と細胞 植物の体のつくりと働き ・葉・茎・根のつくりと働き （中1から移行） 動物の体のつくりと働き ・生命を維持する働き ・刺激と反応		
	第3学年		生物の成長と殖え方 ・細胞分裂と生物の成長 ・生物の殖え方 遺伝の規則性と遺伝子 ・遺伝の規則性と遺伝子 生物の種類の多様性と進化 ・生物の種類の多様性と進化 （中2から移行）	生物と環境 ・自然界のつり合い） ・自然環境の調査と環境保全 ・地域の自然災害 自然環境の保全と科学技術の利用 ・自然環境の保全と科学技術の利用 （第1分野と共通）

実線は新規項目。破線は移行項目。

地　球		
地球の内部と地表面の変動	地球の大気と水の循環	地球と天体の運動

	太陽と地面の様子 ・日陰の位置と太陽の位置の変化 ・地面の暖かさや湿り気の違い	
雨水の行方と地面の様子 ・地面の働きによる水の流れ ・土の粒の大きさと水のしみ込み方	天気の様子 ・天気による1日の気象の変化 ・水の自然蒸発と結実	月と星 ・月の形と位置の変化 ・星の明るさ、色 ・星の位置の変化
流れる水の働きと土地の変化 ・流れる水の働き ・川の上流・下流と川原の石 ・雨の降り方と増水	天気の変化 ・雲と天気の変化 ・天気の変化の予想	
土地のつくりと変化 ・土地の動植物と地層の広がり（化石を含む） ・地層のでき方 ・火山の噴火や地震による土地の変化		月と太陽 ・月の位置や形と太陽の位置
身近な地形や地層、岩石の観察 ・身近な地形や地層、岩石の観察		
地層の重なりと過去の様子 ・地層の重なりと過去の様子		
火山と地層 ・火山活動と火成岩 ・地震の伝わり方と地球内部の働き		
自然の恵みと火山災害・地震災害 ・自然の恵みと火山災害・地震災害（中3から移行）		
	気象観測 ・気象要素（圧力（中1の第1分野から移行）を含む） ・気象観測	
	天気の変化 ・霧と雲の発生 ・前線の通過と天気の変化	
	日本の気象 ・日本の天気の特徴 ・大気の動きと海洋の影響	
	自然の恵みと気象災害 ・自然の恵みと気象災害（中3から移行）	
		天体の動きと地球の自転・公転 ・日周運動と自転 ・年周運動と自転
		太陽系と恒星 ・太陽の様子 ・惑星と恒星 ・月や金星の運動の見え方

■引用・参考文献

1. 検定教科書
『新しい理科 3 〜 6 年』、東京書籍、2018
『みんなと学ぶ小学校理科 3 〜 6 年』、学校図書、2018
『楽しい理科 3 〜 6 年』、信濃教育出版、2018
『楽しい理科 3 〜 6 年』、大日本図書、2018
『地球となかよし小学校理科 3 〜 6 年』、教育出版、2018
『わくわく理科 3 〜 6 年』、啓林館、2018
『自然の探究 2』、教育出版、2019

2. 文部科学省
文部科学省：『小学校学習指導要領解説理科編』、大日本図書、2008
文部科学省：『中学校学習指導要領解説理科編』、大日本図書、2008
文部科学省：『高等学校学習指導要領解説理科編理数編』、大日本図書、2009
文部科学省：『小学校理科の観察、実験の手引き』、2012

3. その他
安彦忠彦監修：『小学校学習指導要領の解説と展開理科編』、教育出版、2008
安藤秀俊・西村崇志：『日本農業教育学会誌』、39（1）、2008
安藤秀俊：『解説実験書「新しい北海道の理科」理科教育』、北海道教育大学理科解説実験書編集委員会、2012
岩松鷹司：『新版メダカ学全書』、大学教育出版、2006
岩波書店編集部：『岩波科学百科』、岩波書店、1989
石井忠浩監修：『スーパー理科事典（三訂版）』、受験研究社、2006
杉本良一：『実践的理科教育論』、ふくろう出版、2011
木村光輝・大後忠志・木村出：福岡教育大学紀要、55（3）、2006
村山哲哉・日置光久編：『小学校理科室経営ハンドブック』、東洋館出版社、2011
佐藤孝夫：『北海道樹木図鑑』、亜瑠西社、2011
さとうち藍：『冒険図鑑』、福音館書店、1985
新世紀型理科教育研究会：『小学校新学習指導要領ポイントと授業づくり理科』、東洋館出版社、2008
小学校理科実践研究会編：『新小学校学習指導要領の展開理科編』、明治図書、2008
武田一美：『中学校理科室ハンドブック』、東洋館出版社、1986
月井雄二：『淡水微生物図鑑』、誠文堂新光社、2010
梅沢俊：『新北海道の花』、北海道大学出版会、2007

索　引

■著者紹介

安藤　秀俊 (あんどう　ひでとし)

神奈川県川崎市出身
福岡教育大学助教授などを経て、現在、北海道教育大学旭川校　理科教育教室 教授
博士（農学）

【専門】
理科教育、生物教育、植物生理・生態学、鱗翅目（チョウ類）の生態

【主要論文】
・授業中にチョウを羽化させる制御方法の可能性、北教大紀要、72（2）、2022
・マラルディの角を題材とした理科と数学の関連性を重視した指導事例の有効性、科学教育研究、38（2）、2014
・小学校におけるビオトープを用いた自然体験活動が児童に及ぼす教育的効果 ― 土壌動物・種子散布の指導事例をもとに ―、理科教育学研究、54（2）、2013
・理科教育における自由研究の再考 ― 川崎市における取り組みを例とした科学コンテストとしての今日的な意義と役割 ―、理科教育学研究、48（1）、2007　など
・サトウキビを用いたバイオマスエネルギーに関する教材の検討 ― 中学校における実践例と教材利用の留意点 ―、生物教育、53（1・2）、2012
・Effect of seed hardening, wetting and redrying before sowing, on germination and seedling emergence of a Japanese wheat variety Norin61 in desiccated soil, *Plant Production Science*, 4（1）, 2001　など

【所属学会】
日本理科教育学会、日本科学教育学会、日本生物教育学会、日本農業教育学会、日本学校教育実践学会、日本作物学会、日本鱗翅学会、日本蝶類学会、日本蝶類科学学会、Society of Biology（英国生物学会）、ASERA（豪州理科教育協会）　など

小学校理科教育法（改訂2版）　― 基礎知識と演習 ―

2013 年 4 月 30 日　初　版第 1 刷発行
2022 年 5 月 5 日　改訂 2 版第 1 刷発行

■著　　　者 ─── 安藤秀俊
■発 行 者 ─── 佐藤　守
■発 行 所 ─── 株式会社 大学教育出版
　　　　　　　　〒 700-0953　岡山市南区西市 855-4
　　　　　　　　電話 (086) 244-1268　FAX (086) 246-0294
■印刷製本 ─── モリモト印刷 ㈱

ISBN978 - 4 - 86692 - 208 - 9